세상 친절한
금리
수업

경제와 금융이 손에 잡히는

세상 친절한
금리
수업

조경엽 · 노영우 지음

미래의창

세계 경제는
금리로 통한다

금리가 요즘처럼 자주 화제에 오르내리던 시기가 있었을까? 언제부터인가 일상생활 속에서, 대화 중에 금리는 중요한 주제가 되었다. 무인도에 들어가 살지 않는 한, 경제생활을 하고 있다면, 누구나 금리의 영향권에서 벗어나기 힘들다. 이자, 수익률, 할인율 같은 다양한 형태로 우리 주변에 존재하지만 모두 금리에 다름 아니다.

　우리는 오랜 기간 금리를 잊고 지내왔다. 한때 제로 금리 혹은 마이너스 금리 시대에 어떻게 대응해야 할지 고심하던 시절이 있었다. 그만큼 저금리 기조가 오래 지속되었기 때문에 대출 금리나 이자는 큰 부담이 되지 않았다. 금리가 뒷전으로 밀려나게 된 이유다. 한동안 잊고 지내왔던 금리가 다시 우리 코앞에 확 다가온 것은 바로 미국 연방준비제도이사회(이하 연준)가 공격적인 금리 인상을 하면서부터다. 미국 연준이 2022년 4차례 연속으로 자이언트 스텝(0.75%p 인상)을 밟았고, 이는 마치 전 세계가 태풍의 영향권에 들어간 것처럼 글로벌 경제와 금융시장을 뒤흔들어 놓고 있다.

이제 전 세계는 미국 연준이 금리 결정을 할 때마다 촉각을 곤두세우게 되었고, FOMC(공개시장위원회)가 외환위기 당시 IMF처럼 일상적인 경제 용어가 되었다. 금리 인상폭이 얼마나 될지, 금리 최고 수준은 어디까지 올라갈지, 금리 피크에 얼마나 오래 머물게 될지 그리고 어느 시점에 금리 인하 추세로 돌아설지, 금리를 내린다면 얼마나 빠른 속도로 어느 수준까지 내려갈지 등 금리와 관련된 온갖 분석과 전망이 쏟아지고 있다. 이 모든 현상은 달러 기축통화를 가진 미국의 금융 패권을 다시 한번 여실히 보여주고 있다.

세계 금리는 미국이 정하면 따라갈 수밖에 없는 냉혹한 현실이다. 각국은 미국의 경제정책에 따라 미세조정을 거쳐 앞서거니 뒤서거니 하면서 맞춰 나간다. 초저금리 시기에 다소 자율적으로 돌아가던 선진국과 신흥국의 경제가 미국의 고금리정책에 따라 그 영향권에 급속하게 빨려들어가고 있는 형국이다. 거듭 확인하게 되지만 세계 경제는 미국 금리에 꿰어서 돌아간다.

게다가 미국과 중국의 경쟁은 전 세계를 새로운 진영 대결로 몰아가고 있다. 미국은 기술·통상·산업 등 다방면에서 공세적인 대응을 가속화하고 있다. 미국과 맞짱을 뜨겠다고 덤비는 중국이라 할지라도 미국이 정하는 금리에서 자유로울 수는 없다. 앞으로 미중 대결의 성패는 금융 패권에 달려 있고, 그 핵심에 달러 기축통화와 이를 토대로 한 금리정책이 있다. 빅테크와 디지털, 신기술 등 실물 부문에서 미국을 턱밑까지 따라잡은 중국이지만 금융 분야의 열세와 격차를 절감하고 있을 것이다. 유럽과 일본 등 선진국 역시 미국에 휘둘리기는 마찬가지다. 러시아, 브라질 등 브릭스 국가와 신흥국들은 더욱 취약하다. 미국이 주도하는 고금리 기조가 지속된다면 과거 긴축 발작taper tantrum의 악몽이 되살아날 우려가 있다.

이 책은 지구촌이 실시간으로 영향을 주고받는 시대에 금리를 중심으로 세계 경제가 어떻게 돌아가는지, 우리나라 경제와 금융시장은 어떻게 영향을 받고 어떻게 적응하는지를 분석하고 설명하려고 한다. 금융시장은 복잡하게 얽혀 있고, 금리는 더더욱 천변만화하듯이 움직인다. 모든 경제활동과 금융시장이 금리를 중심으로 꿰어지듯이 돌아간다고 할 수 있다. 필자들은 글을 쓰는 과정에서 이 점을 더욱더 명백하게 알게 되었다. 따라서 금리가 작동하는 원리와 과정을 입체적으로 밝히고 쉽게 설명하려고 했고, 이해를 돕기 위해 다양한 그래프와 그림, 도표를 덧붙였다.

책 앞부분에는 금리가 탄생하고 변동하고, 은행이 만들어지고 중앙은행이 생기는 역사와 과정을 살펴보았다. 금리와 정부 정책의 연결고리가 되는 국채 발행과 중앙은행 역할 그리고 국가간 통화가치를 반영하는 환율과 금리 관계를 다루었다. 또한 금리를 둘러싼 원리와 구조를 토대로, 실제로 글로벌 시장을 움직이는 미국의 금리 결정 과정을 살펴보고, 주요 경제권의 통화정책과 상호작용에 대해서도 이야기했다. 이어서 일상생활 속에서 금리를 체감할 수 있는 주식·채권·부동산 등 자산시장과 생활 속에서 금리의 작동방식과 경제주체들의 행동을 살펴보았다.

오늘날 우리는 누구나 금리에 따라, 금리의 영향을 받으면서 생활하고 있다. 금리는 평소에는 있는 듯 없는 듯 잠잠해서 잘 느껴지지 않지만 어느 순간 헐크처럼 변신해 시장을 뒤집어 놓곤 한다. 19세기 말 있었던 여러 차례의 금융 공황과 1929년의 대공황, 두 차례의 세계대전을 전후한 시기의 금융 혼란과 초인플레이션, 1970년대의 닉슨 쇼크, 2008년 미국 서브프라임에서 촉발된 글로벌 위기, 2010년 유럽 재정 위기까지 이 모든 경제 사건의 밑바닥에는 금리의 괴력이 작용했다. 그리고 그 누구도 예상하지 못했던 코로나 사태로 인한, 새로운 위기 국면은 현재 진행형이기도 하다.

다시 맞은 '고금리 시대'에 이 책을 읽고 독자들이 경제를 꿰뚫어볼 수 있는 원리를 잘 이해할 수 있게 된다면 크나큰 결실이라 할 수 있을 것이다. 사실 경제와 금융을 전공하거나 실제 업무를 맡고 있다고 하더라도 경제와 금융은 늘 어렵게 다가온다. 필자들은 금융 분야에서 오랫동안 저널리스트로서 연구자로서 배우고 경험한 것들을 바탕으로 핵심을 정리하여 뼈대를 만들고, 사례를 들어 글을 쉽게 쓰려고 노력했다. 혹시라도 책 내용에 잘못된 점이 있거나 과도한 의견이나 주장이 있다면 오롯이 필자들의 몫이다. 이메일로 의견을 보내준다면 꼭 수정 보완할 것을 약속드린다.

2023년 7월

조경엽·노영우 드림

차 례

Chapter 3
금리와 경제

Chapter 4
금리와 환율

Chapter 5
금리와 미국의 금융 패권

Chapter 6
미국에 휘둘리는 글로벌 금리

Chapter
1

금리의
탄생

로빈슨 크루소의
계산법

'조난을 당해 모든 선원이 사망하고 자신은 아메리카 대륙 오리노코 강 하구 근처 무인도 해변에 표류해 스물여덟 해 동안 홀로 살다가 마침내 기적적으로 해적선에 구출된 요크 출신 뱃사람 로빈슨 크루소가 들려 주는 자신의 생애와 기이하고도 놀라운 모험 이야기'. 우리에게는 《로 빈슨 크루소》로 알려진 영국 작가 대니얼 디포의 소설 원제목은 이렇게 길었다. 28년 동안 무인도에서 살았던 그의 이야기 속에는 많은 경제 원칙들이 담겨 있다. 소설을 보면 크루소는 혼자서 원시인처럼 생활하 는데도 하루 몇 시간을 일하고, 얼마나 먹고, 몇 시간을 잘 것인가 하는 '경제적' 의사결정을 해야 했다. 게다가 그런 와중에 현재와 미래에 대 한 의사결정도 내려야 했다.

 이야기는 이렇다. 로빈슨이 있는 무인도 근처에는 물고기 10마리 가 살고 있었다. 로빈슨은 이 물고기를 잡아먹으면서 하루하루 생활을 이어갔다. 몇 년이 지난 후 로빈슨은 물고기가 1년이 지나면 새끼를 한 마리 낳는다는 것을 알게 되었다. 로빈슨은 이때부터 머릿속이 복잡해 진다. 자신이 오늘 물고기를 한 마리 잡아먹지 않고 놔두면 1년 후에는 물고기가 두 마리가 되는 것이다. 계속 무인도에서 살아야 할 것 같은 로빈슨은 오늘 한 마리를 먹을 것인가 아니면 1년 후에 두 마리를 먹을 것인가를 놓고 의사결정을 해야 한다. 즉, 물고기 한 마리를 오늘 잡아 먹는다면 1년 후 물고기 두 마리가 없어지는 것과 마찬가지인 것이다. 그때 로빈슨의 머릿속에서 오늘 한 마리의 물고기의 가치는 1년 후 물 고기 두 마리의 가치와 동일하게 계산된다.

로빈슨은 올해와 내년에 물고기 먹을 계획을 새로 세운다. 올해 물 고기 10마리 중 5마리를 먹는다면 1년 후에는 물고기를 10마리 먹을 수 있다. 3마리를 먹으면 1년 후에는 물고기 14마리를 먹을 수 있다. 반 대로 7마리를 먹는다면 1년 후에는 6마리를 먹을 수 있다. 극단적으로 물고기를 한 마리도 먹지 않는다면 1년 후에는 물고기 20마리를 먹을 수 있게 된다. 1년 후에 물고기를 가장 많이 먹을 수 있는 방법은 물고 기를 먹지 않고 참았다가 내년에 20마리를 먹는 것이다. 그럼 로빈슨은 행복할까? 그렇지 않다. 물고기를 지금 먹고 싶은데 1년이나 참는 것은 그리 좋은 선택이 아니기 때문이다. 그래서 로빈슨은 물고기를 올해나 내년에나 비슷하게 먹을 수 있는 방법을 선택했다. 이 경우 로빈슨은 올해 물고기를 7마리 먹고 3마리는 살려둔다. 그럼 이 물고기들이 각기 한 마리씩 새끼를 낳아 내년에 6마리가 되고, 로빈슨은 6마리의 물고기 를 먹을 수 있게 되는 것이다.

이처럼 동일한 물건이라도 시간에 따라 그 가치가 달라진다. 물고기가 1년에 한 마리씩 새끼를 낳는다는 것은 객관적으로 주어지는 조건이다. 이 경우 지금 물고기 한 마리의 가치는 1년 후 물고기 두 마리의 가치와 같게 되고 이에 따라 현재와 미래의 객관적인 교환비율이 결정된다. 로빈슨은 주관적으로도 올해 먹는 물고기와 내년에 먹는 물고기 간의 상대적인 가치를 평가한다. 객관적인 조건을 바꿀 수 없는 로빈슨은 주어진 조건에 맞춰 현재 물고기 한 마리와 미래 물고기 두 마리를 교환하는 지점에서 소비를 결정한다. 이때 물고기의 현재와 미래 간의 객관적·주관적 교환 비율이 일종의 금리 또는 이자의 역할을 한다. 이 경우 물고기의 이자율은 100%에 해당된다.

동양에서도 이자에 대한 이야기를 많이 찾아볼 수 있다. 그중 대표적인 것이 '조삼모사'와 관련한 이야기다. 송나라에 원숭이를 키우는 저공이라는 사람이 있었다. 어느 날 저공은 원숭이에게 줄 먹이가 부족하자 원숭이에게 "도토리를 아침에 3개, 저녁에 4개 주면 어떻겠냐?"고 물었다. 그러자 원숭이들이 아침에 도토리를 적게 먹으면 배가 고프다면서 항의를 하며 들고 일어났다. 저공은 다시 말했다. "그럼 도토리를 아침에 4개, 저녁에 3개를 주면 어떤가?" 그제야 원숭이들은 좋아서 펄펄 뛰었다고 한다. 일반적으로, 저공의 '조삼모사' 고사는 눈앞의 일만 생각하는 사람들의 어리석음을 비판하는 데 인용된다. 도토리를 모두 7개 받는 것은 똑같은데, 4개 먼저 준다고 먹이가 늘어나는 것은 아니기 때문이다. 또한 조삼모사의 고사는 위정자들이 세치 혀로 사람들을 현혹시키는 것을 비판하는 데 인용되기도 한다. 그러나 경제적 관점에서 볼 때 원숭이들은 천재다. 바로 이자라는 것이 존재하기 때문이다.

경제를 이해하는 입장에서는 아침의 도토리 1개와 저녁의 도토리 1개는 같은 가치의 도토리가 아니다. 사람들은 일반적으로 현재의 물건에 미래보다 높은 가치를 부여한다. 경제학에서는 이를 '시간선호 현상'이라고 부른다. 미래는 불확실하다. 실제 우리도 예전에 먹을 것이 없어 옆집에서 쌀을 빌려오면 갚을 때 빌려온 쌀에서 조금이라도 더 얹어서 되갚곤 했다. 지금 당장 필요한 것을 빌려줬으니 고마운 마음에 미래에 조금 더 갚은 것이라고 볼 수도 있지만 냉정히 보면 미래에 조금 더 많이 줘야 현재 빌린 것과 동일한 가치가 된다는 사고방식이 암묵적으로 머릿속에 있었기 때문이다. 이러한 사람들의 마음가짐이 이자의 시초라 할 수 있다.

조삼모사의 사례에서 발생하는 금리를 현재와 미래 시점으로 나누어 그 가치를 계산해볼 수 있다. 먼저 미래 시점을 기준으로 도토리의 가치를 계산해보자. 만약 한 원숭이가 도토리를 아침에 하나도 먹지 않고 다른 원숭이에게 3개를 빌려주고 저녁에 돌려받을 때 도토리 하나당 0.1개의 이자를 받기로 했다면 저녁 때 그 원숭이에게는 총 7.3개의 도토리가 있을 것이다. 저녁에 받은 4개와 아침에 받은 도토리 하나당 0.1의 이자를 받았기 때문이다. 이것은 빌려준 도토리를 하나도 떼이지 않고 이자도 모두 받았을 때를 가정한 계산이다. 그런데 아침에 도토리 4개를 받고 저녁에 3개를 받을 경우 이 원숭이가 아침에 도토리 4개를 빌려주고 0.1개의 이자를 받으면, 저녁에는 도토리가 7.4개다. 아침에 4개를 준다고 하자 좋아했던 원숭이의 마음이 이해가 간다.

이번에는 현재 시점에서 도토리의 가치를 계산해보자. 아침에 3개,

조삼모사와 현재·미래가치 계산법

① 아침 도토리 3개 ➕ 저녁 도토리 4개 ➡️

현재가치
3+4×0.9=6.6

미래가치
3×1.1+4=7.3

② 아침 도토리 4개 ➕ 저녁 도토리 3개 ➡️

현재가치
4+3×0.9=6.7

미래가치
4×1.1+3=7.4

현재가치 : **②** ❭ **①**
미래가치 : **②** ❭ **①**

저녁에 4개를 받는다면 저녁에 받은 4개를 현재의 가치로 바꾸기 위해서는 미래의 도토리를 현재의 가치로 할인해야 한다. 왜냐하면 미래에는 어떤 일이 벌어질지 모르기 때문이다. 저공이 약속을 어길 수도 있고 천재지변 등 돌발적인 상황이 발생해 도토리를 받지 못할 수도 있다. 따라서 미래 도토리의 가치는 조금 떨어뜨려 계산한다. 만약 할인율이 이자와 마찬가지로 도토리 한 개당 0.1이라면 아침에 계산하는 도토리의 현재 가치는 6.6개가 된다. 간단한 산수로 3+(4×0.9)가 되는 것이다. 반면 아침에 4개, 저녁에 3개를 받는다면 아침 현재 시간으로 도토리의 가치는 6.7(4+(3×0.9))이다. 여기서 알 수 있는 것은 현재 가치로 계산하건 미래 가치로 계산하건 아침에 4개, 저녁에 3개를 받을 때가 아침에 3개, 저녁에 4개를 받을 때보다 높다는 사실이다. 이제 원숭이의 깊은 뜻이 이해가 된다.

경제적으로 볼 때 원숭이는 이자의 개념을 정확히 이해하고 있는 반면 저공은 이자의 개념이 없었던 것이다. 이자의 개념을 적용하면 저공보다 원숭이가 훨씬 현명한 행동을 했다는 것을 알 수 있다. 이처럼 조삼모사의 교훈을 경제적으로 이해해보면 일반적인 해석과는 정반대의 결과가 나온다. 또한 이 이야기를 경제적 관점에서 해석해봄으로써 우리는 이자의 원천이 시간에 대한 선호에서 비롯되었음을 알 수 있게 되었다.

교환경제와
금리

%

금리와 이자에 관련된 가장 큰 오해는 '이자는 돈에만 붙는다'는 것이다. 현대 경제에서 모든 이자는 돈으로 계산되고 실물에 대해서는 이자라는 말을 잘 붙이지 않는다. 금리가 연 10%란 이야기는 1억 원을 빌려줬을 때 1년 후에 1억 1,000만 원을 받는다는 이야기다. 쌀 100킬로그램을 빌려주고 1년 후에 쌀 110킬로그램을 받는 거래는 현대 사회에서는 거의 발생하지 않는다. 이 때문에 표면적으로는 돈만 이자를 발생시키는 것처럼 보인다. 하지만 이것은 본말이 전도된 개념이라 할 수 있다. 이자는 돈이 있기 훨씬 전부터 있었기 때문이다. 경제 역사가들에 따르면 기원전 3세기 바빌로니아 지역에서는 은과 보리를 빌리면 일정한 대가를 지급했다는 기록이 있다. 현대적인 개념의 돈이나 화폐가 없던 시대에도 무엇인가를 빌리면 빌린 것에 조금 더해 대가를 지불해야 한다는 인식이 있었던 것이다. 우리나라에서도 봄 춘궁기 때 곡식을 빌리고 가을에 추수를 하면 갚으면서 이자에 해당하는 부분을 더해서 갚

세상 친절한 금리수업

는 것은 흔히 있는 일이었다. 따라서 일반적으로 이자는 화폐가 아니라 물건을 거래할 때 덧붙여 지급하는 것을 일컫는다고 할 수 있다. 반면 금리는 돈에 붙는 이자를 말한다. 물론 그 원리는 똑같다. 같은 물건이라도 미래의 것을 현재로 가져오려면 대가를 지불해야 한다. 이것이 금리의 원천이다. 이 때문에 금리와 이자에 대한 정확한 이해를 위해서는 먼저 화폐가 없는 상태에서 이자가 어떻게 결정되는지를 살펴보는 것이 중요하다.

조삼모사의 예에서 보듯이 이자라는 것은 현재와 미래라는 시간을 두고 양측이 거래를 하는 과정에서 발생한다. 어떤 물건이든 시간을 놓고 거래를 한다면 이자라는 것이 생기고 그 수준이 정해진다. 시간을 놓고 거래를 하는 이유는 사람들의 소비가 시간별로 다를 수 있기 때문이다. 예를 들어 100가구가 사는 마을이 있다고 가정해보자. 이들은 모두 옥수수 1킬로그램씩을 갖고 있었다. 그런데 A라는 사람의 집에 아이가 태어나 식량이 조금 더 필요하게 되었다. B는 혼자 살기 때문에 옥수수가 남는다. 옥수수가 더 필요한 A와 옥수수가 남는 B는 서로 거래를 한다. A 입장에서는 지금 아이를 먹이고 키워야 하는 일이 중요하기 때문에 지금의 옥수수가 미래의 옥수수보다 더 가치가 있다. 지금 옥수수를 빌린 다음 나중에 조금 더 주더라도 이익이라고 생각하는 것이다.

B는 A가 '나중에 옥수수를 갚지 못하면 어떡하지'라는 일말의 불안감이 있다. 옥수수를 빌려준 이후 A가 갚을 때까지 이런 불안감은 완전히 사라지지 않을 것이다. 미래의 불확실성과 이에 따른 불안감을 감안하면 옥수수를 빌려주고 받을 때는 빌려준 것보다 조금 더 받아야겠

다고 생각한다.

두 사람은 이런 상황에서 거래를 하게 되는 것이다. B는 남은 옥수수를 지금 빌려줄 것이니 나중에 옥수수가 생기면 조금 더 갚으라고 제안을 하고 A는 자신이 필요로 하는 옥수수의 현재와 미래 상황을 비교하며 흥정을 하게 된다. 이런 과정을 거쳐 A와 B는 옥수수 100그램을 빌려주고 나중에 추수를 하면 110그램을 받기로 결정한다. 그 다음엔 이 계약을 이행하면 된다. 이렇게 거래가 성사되었다면 옥수수를 빌려주는 데 따른 이자(금리)는 10%로 결정이 된다.

사람들이 투자를 할 때도 시점에 따라 물건에 대한 수요와 공급이 다른 거래가 발생할 수 있다. 위의 예에서 C라는 사람을 새로 등장시켜보자. C는 어느 날 옥수수를 재배하는 방법을 조금 바꿔보았다. 새로운 방법으로 옥수수 10알을 심었더니 그 다음 해에 옥수수 13알을 수확할 수 있었다. 옥수수 재배의 신기술을 개발한 것이다. 그때 C는 지금 옥수수를 먹지 않고 심으면 나중에 훨씬 더 많은 옥수수를 얻을 수 있다는 것을 알게 됐다. C는 그때부터 옥수수를 빌리기 시작했다. B에게 가서 옥수수 10알을 빌려주면 나중에 12알의 옥수수를 주겠다고 제안한다. 그렇게 옥수수 10알을 빌려 심은 후 나중에 13알의 옥수수를 수확하면 B에게 12알을 지급하고 나머지 1알은 자신이 갖는다. 두 사람 모두 이득이 발생하는 것이다. 이 제안을 B가 받아들이면 이자율은 연 20%가 된다. 이처럼 일부는 소비를 위해, 또 일부는 투자를 위해 물건을 빌리는 과정에서 현재와 미래의 시차간 거래가 발행하고 이 거래는 이자율을 통해서 거래 조건을 조정하게 된다.

이자율이 결정되는 구조

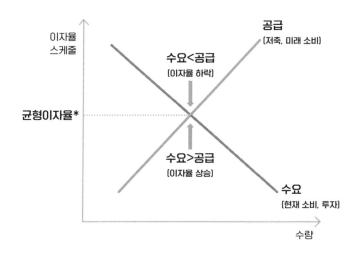

여기서 몇 가지 경제적 개념들을 확인해보자. 이자는 현재와 미래 시점 사이의 수요와 공급에 의해서 결정이 된다. 수요를 형성하는 요인은 주로 소비와 투자다. 미래보다 현재 더 많은 것을 소비해야 하는 사람들이 생겨나고 이 사람은 이자를 주더라도 옥수수를 빌려오려고 한다. 또 현재 무엇인가를 투자하면 미래에 더 많은 것을 얻을 수 있다고 생각하는 사람들이 생겨나고 이 사람들은 투자를 하기 위해 자신이 소비하는 것보다 더 많은 것을 필요로 한다. 이처럼 소비와 투자의 목적에 따라 같은 물건이라도 현재 시점에서 미래 물건에 대한 수요가 형성된다. 반면 공급은 현재의 소비를 줄이고 미래의 소비를 더 늘리려는 사람들이 만들어낸다. 이때 현재 소비를 줄이고 미래 소비를 늘리는 행위는 저축과 연결되어 있다. 이들은 현재를 희생하고 미래를 보다 풍족하게 살고자 하는 사람들이다.

이렇게 같은 물건이라도 시점을 두고 수요와 공급이 형성되면서 시장에 거래가 이루어지기 위한 조건이 형성된다. 소비와 투자를 하는 쪽이 수요자가 되고 현재 소비를 줄이고 미래 소비를 늘리려는 사람들이 공급자가 된다. 수요는 이자율이 높아질수록 줄어든다. 투자를 하려는 사람들도 이자율이 투자수익률보다 높다면 물건을 빌리지 않을 것이다. 소비를 하려는 사람도 마찬가지다. 반면 이자율이 올라가면 공급은 늘어난다. 이처럼 수요와 공급이 만나 적정한 수준에서 이자율이 결정된다.

화폐의 등장과 금리

%

지금까지 개인 간의 거래를 통해 이자율이 어떻게 결정되는지 살펴봤다. 하지만 개인만 있는 경제는 없다. 어느 경제나 국가 또는 정부라는 중앙기구가 등장한다. 정부가 등장하면서 이자의 개념도 변하게 되는데, 가장 먼저 생기는 변화는 화폐의 등장이다. 화폐는 개인 간의 거래를 촉진시키는 면도 있지만 정부가 경제에 개입을 하게 되는 단초가 되기도 하는 이중성을 갖고 있는 물건이다. 우선 화폐의 두 가지 측면을 살펴보도록 하자.

먼저 화폐는 사람들 간의 거래를 쉽게 만들어준다. 예를 들어, 쌀농사를 짓는 사람은 자신이 농사를 지은 쌀을 가지고 장에 가서 필요한 물건들로 바꾸려고 한다. 그런데 자신이 만든 물건은 쌀 한 가지이지만 사고 싶은 물건은 여러 가지다. 쌀을 팔아서 딸이 신을 신발도 사야 하고, 식구들 먹을 고기도 사야 하고, 친구들과 먹을 술도 한 병 사고 싶다. 이 사람이 쌀을 팔아서 세 가지 물건을 다 사려면 일단 팔아야 할 쌀을 많이 가져가야 한다. 매번 거래할 때마다 이 쌀을 가지고 다니면서 신발 장수, 고기 장수, 술 장수 등을 만나 쌀을 팔고 물건을 사야 한다. 이런 과정이 너무 불편하기 때문에 사람들은 약속을 한다. 조개껍질처럼 갖고 다니기 쉬운 물건을 정해서 사람들은 자기들이 갖고 있는 물건을 조개껍질로 먼저 바꾸고 그 다음에 조개껍질을 들고 다니면서 필요한 물건을 사기로 한다. 그럼 이 사람은 먼저 쌀이 필요한 사람들을 만나 조개껍질을 받고 팔려고 가져온 쌀을 모두 넘겨준다. 그 다음에 조개껍질을 들고 다니면서 신발, 고기, 술 등을 산다. 쌀을 갖고 다닐 때보다 훨씬 편한 방식이다.

다만 이 방식에는 사회적 합의라는 전제가 필요하다. 조개껍질을 가져가면 물건과 바꿔준다는 사람들 간의 합의가 없으면 아무도 선뜻 조개껍질과 자신이 갖고 있는 물건을 바꾸지 않을 것이기 때문이다. 이때 국가 또는 정부의 이전 형태인 중앙기구라는 개념이 등장한다. 과거에는 부족이나 마을 등을 운영하는 주체들이 나서서 조개껍질을 가져가면 물건을 반드시 바꿔줘야 한다고 규칙을 만들고 이를 사람들에게 강제하면 사람들은 그들을 믿고 조개껍질로 교환을 하기 시작했다.

이런 과정을 거쳐 조개껍질 같은 원시적 형태의 화폐가 등장을 하게 된다. 중요한 점은 화폐의 이면에는 항상 화폐가 통용되도록 강제하는 권력집단이 버티고 있다는 것이다. 예를 들어, 한 부족은 조개껍질을 화폐로 사용하고 있고 옆 부족은 올리브 잎을 화폐로 사용하고 있다고 가정하자. 그러다 두 부족이 전쟁을 벌여 올리브 잎을 화폐로 사용하는 부족이 이기면 조개껍질은 화폐의 기능을 잃어버리게 된다. 이처럼 화

가격과 금리 결정 구조

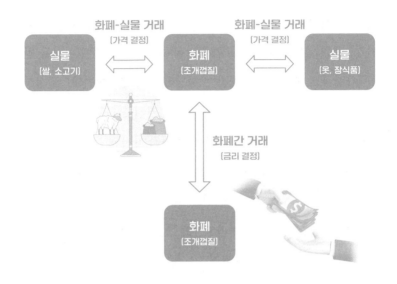

폐와 권력 집단은 떼려야 뗄 수가 없는 관계다. 이 같은 행태는 부족사회가 현대 국가와 정부로 이어지는 과정에서도 계속 이어진다. 정부가 화폐를 발행하고 유통을 강제하는 것은 과거 부족국가나 현대 정부나 동일하다.

화폐가 생겨나면서 이자와 금리의 개념도 진화했다. 조개껍질이라는 화폐가 생겨나면서 이자는 조개껍질로만 계산이 되는 식이다. 조개껍질을 갖게 되면 다른 모든 물건과 교환이 가능하기 때문이다. 더 이상 옥수수를 10개 빌리면 하나를 이자로 주고, 소고기를 1킬로그램 빌리면 100그램을 이자로 줄 필요가 없어지는 것이다. 조개껍질을 빌리고 나중에 조개껍질을 조금 더 많이 주는 식으로 이자를 계산하면 계산하기도 쉽고 주고받기도 한층 편리해진다. 미래보다 현재 물건이 더 많이 필요한 사람들은 조개껍질을 빌리려고 시장에 나오고 미래보다 현재가 더 여유 있는 사람들은 조개껍질을 빌려주고 나중에 이자를 받게 된다. 이렇게 조개껍질을 거래하는 시장이 새로 만들어진다. 이 시장에서 사람들은 조개껍질을 빌리고 빌려주는 거래를 하고 여기서 주고받은 조개껍질을 가지고 상품 시장에 가서 여러 가지 물건을 산다.

이렇게 되면 쌀·고기·옷 등을 거래하는 상품 시장과 조개껍질을 거래하는 또 다른 시장으로 시장이 분화된다. 조개껍질 거래를 전문적으로 하다 보면 조개껍질을 빌리고 갚는 기간에 따라 시장의 금리가 달라지게 된다. 예를 들어, 조개껍질 10개를 빌린 후 1년 있다가 갚을 때는 1개를 더 주지만 2년 있다가 갚을 때는 3개를 더 줘야 하는 식으로 기간에 따른 금리 차이가 발생할 수 있는 것이다. 기간이 길어질수록 미래에 대한 불확실성이 커지기 때문에 조개껍질을 빌린 후 갚는 기간이 길어질수록 줘야 할 금리가 높아지는 것이 상식적이다. 이렇게 조개껍질을 거래하는 시장이 현재 금융시장의 시초다.

금리의
진화

%

사람들은 거래를 하면서 점점 더 편한 방법을 찾게 된다. 이 과정에서
화폐의 역할을 하는 물건이 등장하고 이는 점차 발전하고 변해간다. 조
개껍질에서 시작된 화폐는 청동이나 은, 금 등으로 바뀌게 되는데, 교환
하기 편하고 가치 있어 보이는 물건들이 화폐의 역할을 하게 되는 것은
어느 시대나 마찬가지다. 이때 금리의 개념은 미래보다 현재 가치를 선
호하는 사람들의 심리 그리고 미래의 가치를 현재로 끌고 오려는 수요
와 미래의 가치를 현재에 제공해주는 공급 간의 관계에 의해서 결정이
된다. 역사적으로 보면 실물 화폐로 가장 오래된 기간 동안 역할을 했
던 것은 금이다. 금은 여러 나라에서 공통적으로 좋아하는 물건이라 한
동안 많은 나라에서 화폐로 통용됐다. 이처럼 화폐가 금으로 통일되자
이자 계산이 조금 복잡해지기 시작했다.

여러 나라들이 금을 화폐로 사용하면서 각국이 금을 확보하기 위해
경쟁을 하기 시작했다. 금이 있으면 다른 나라의 물건도 얼마든지 사올

수 있다고 생각했기 때문이다. 15세기 말 크리스토퍼 콜럼버스가 대항해를 떠난 것도 인도 등 새로운 대륙과의 거래를 통해 금을 확보하기 위해서였다. 실제로 영국, 프랑스 등 유럽 국가들은 아시아와 아메리카, 아프리카 대륙에 식민지를 건설하면서 불공정 무역을 통해 그곳에서 생산되는 금을 대규모로 가져갔다. 이는 금이 화폐로 통용되면서 금이 많은 나라가 잘 사는 나라라는 인식 때문에 일어난 일들이다.

그런데 영국 등 유럽에 금이 많아지자 이상한 일이 발생했다. 예를 들어, 영국이 식민지를 통해 대량의 금을 거둬들이면서 보유한 금의 양이 2배가 됐다고 가정해보자. 이 경우 사람들이 더 많은 금을 가지고 물건을 사러 가고, 물건을 사기 위해 경쟁을 해야 했다. 그 과정은 이렇다. 종전에는 옥수수 1킬로그램을 사려면 금 1그램이 있어야 했다. 그런데 금 보유량이 늘어나자 사람들은 늘어난 금으로 물건을 더 많이 사려고 한다. 주머니에 금이 많이 있으니 먹을 것도 많이 사고 입을 것도 많이 사고 싶은 것이다. 그래서 예전에 금 1그램으로 옥수수 1킬로그램을 사서 먹던 사람이 이제는 금 2그램으로 옥수수 2킬로그램을 사려고 한다. 그러나 생산할 수 있는 옥수수의 총량은 매년 비슷하다. 영국이 식민지에서 금을 약탈해왔다고 해도 옥수수 생산이 갑자기 늘어나는 것은 아니기 때문이다. 따라서 옥수수가 금의 양에 비해 상대적으로 부족해진다. 그러자 어떤 사람이 금 1.5그램을 줄 테니 옥수수 1킬로그램을 팔라고 제안을 하고, 옥수수를 파는 사람은 당연히 높은 값을 주는 사람에게 옥수수를 팔게 된다. 그럼 자연스럽게 옥수수 가격이 오르게 되는 식이다.

옥수수의 생산량은 정해져 있는데 화폐 역할을 하는 금의 양이 2배가 되면 옥수수 가격이 2배가량 오르는 것이 상식적이다. 결국 예전에는 금 1그램당 옥수수 1킬로그램을 살 수 있었지만, 이제는 금 2그램을 줘야 옥수수 1킬로그램을 살 수 있게 된다. 물건 값이 금 보유량에 비례해 상승하게 되는 것이다. 18세기 영국의 철학자 데이비드 흄은 "상품의 가격은 항상 화폐의 양에 비례한다"라는 주장을 펼쳤다. 화폐의 역할을 하는 금의 양이 많아지면 그에 비례해서 물건 값이 오른다는 논리다. 금으로 표시한 물건 값이 오르게 되면 이자 계산 방법도 조금 복잡해진다.

금의 양이 늘어나기 전에 옥수수 1킬로그램의 가격이 금 1그램이라고 가정하자. 사람들은 옥수수 1킬로그램을 1년간 빌려주면 옥수수 100그램을 이자로 받았다. 마찬가지로 금 1그램을 빌려주면 1년 후에 금 1.1그램을 받을 수 있었다. 이자율로 환산하면 10%다. 그런데 1년 후 시중에 유통되는 금의 양이 2배로 늘어난다고 가정해보자. 금을 빌려주는 사람 입장에서 현재 금 1그램을 빌려주고 1년 후에 금 1.1그램을 받는다면 이익이 될까? 그렇지 않다. 지금은 금 1그램으로 옥수수 1킬로그램을 살 수 있지만 1년 후 옥수수 1킬로그램 값은 금 2그램으로 오르게 된다. 그럼 1년 후에 이 사람이 금 1.1그램으로 살 수 있는 옥수수 양은 550그램밖에 안 된다. 뭔가 큰 손해를 보는 것 같다.

종전과 같은 실질적인 구매력을 얻기 위해서는 어떻게 해야 할까? 조금 복잡하지만 계산을 해보자. 물건 값이 오르기 전에 이 사람은 옥수수 1킬로그램(혹은 금 1그램)을 빌려주고 1년 후에 옥수수 1.1킬로그램(금 1.1그램)을 받을 수 있어야 한다. 이때 이자율은 10%다. 물건 값이 오른다는 가정하에 계산을 해보면 1년 후에 옥수수 1.1킬로그램 값은 금 2.2그램이 된다. 이 사람이 종전과 같은 구매력을 유지하기 위해서는 올해 금 1그램을 빌려주고 1년 후에 금 2.2그램을 받아야 한다. 이 경우 금리는 연 120%가 된다. 물가상승률 100%에 물가 상승을 감안하지 않은 이자율 10% 그리고 물가상승률과 물가 상승을 감안하지 않은 이자율의 곱(100%×10%)을 더한 값이 물가 상승을 감안한 이자율이다.

이처럼 물가가 오를 때는 금리 계산이 조금 복잡해진다. 위의 사례에서 보자면 옥수수로 계산된 금리가 실질금리인 셈이다. 옥수수 1킬로그램을 빌려주고 1.1킬로그램을 받기 때문에 실질금리는 10%이다. 그런데 물가상승으로 같은 구매력을 유지하기 위해서는 금 1그램을 빌려주고 금 2.2그램을 받아야 한다. 이 때 명목금리는 120%로 계산된다. 미국의 경제학자 어빙 피셔(1867~1947)는 이 관계를 단순화하여 '명목금리 = 실질금리 + 물가상승률'이라는 방정식을 만들었는데, 이를 피셔 방정식이라고 한다. 앞의 예에서 볼 때 이 관계는 정확한 항등식은 아니며, 일종의 근사식이라고 볼 수 있다. 위의 공식을 정확히 쓰면 '명목금리 = 실질금리 + 물가상승률 + 물가상승률 × 실질금리'로 표현돼야 한다. 그런데 피셔는 이론의 단순화를 위해서 '물가상승률 × 실질금리'는 거의 0에 가깝다고 가정하고 방정식을 만든 것이다.

한편 피셔 방정식(명목금리=실질금리+물가상승률)에서 실질금리는 현재 결정할 수 있지만 물가상승률은 1년이 지난 후에야 확정이 된다. 그렇다면 현재 자금 거래를 할 때 정확한 물가상승률을 적용할 수 없게 된다. 이 경우 물가상승률은 예상치를 넣어서 현재의 명목금리를 계산한다. 앞의 예에서 1년 후의 물가상승률을 90%로 예상한다면 현재의 명목금리는 실질금리(10%)와 예상 물가상승률(90%)을 합해 100%가 된다. 1년이 지난 후에 물가상승률이 예상보다 높아지면 명목금리를 낮게 책정한 것이고 물가상승률이 예상보다 낮아진다면 명목금리를 상대적으로 높게 책정한 것이 된다. 이 때문에 현재의 명목금리를 계산할 때 예상 물가상승률은 매우 중요한 역할을 한다.

피셔의 방정식을 2023년에 적용해보자. 한국은행(이하 한은)은 2023년 소비자물가상승률을 3.5%로 전망했다. 한은의 전망치는 사람들이 기대하는 물가상승률(기대 인플레이션율) 역할을 한다. 실질금리를 투자에 의한 실질 수익률이라고 본다면 이는 실질 경제성장률과 비슷하다. 한은의 2023년 실질 경제성장률 전망치는 1.4%다. 그런데 2023년 6월 2일 1년 만기 국고채 금리는 연 3.501%를 기록했다. 이 금리는 명목금리에 해당한다. 피셔 방정식에 이 수치들을 대입해보면 실질금리와 물가상승률의 합(1.4%+3.5%)은 4.9%로 실제 명목금리(3.501%)보다 훨씬 높다. 피셔 방정식이 현실을 반영하지 못하고 있는 것이다.

반면 2020년 우리나라 소비자물가상승률은 0.5%, 실질 경제성장률은 -0.7%를 기록했다. 이때 우리나라 1년 만기 국고채 1년 평균 금리는 0.84%로, 명목금리가 물가상승률과 실질경제성장률의 합보다 컸다. 이처럼 실질금리와 물가상승률의 합이 금리를 중심으로 움직이기는 하지만 이론적으로 정확히 일치하기보다는 괴리가 발생하는 것이 일반적인 현상이다. 이 같은 현실 경제와 이론의 괴리가 발생하는 요인들을 이해해야 금리의 움직임을 정확히 파악할 수 있게 된다.

인플레이션과
금리

%

자본주의 경제는 금을 화폐로 사용하는 단계에서 국가가 발행하는 지폐를 화폐로 사용하는 단계로 진화한다. 요즘에는 현금카드나 신용카드를 사용해 거래를 하는 경우가 많아 지폐를 사용하는 빈도가 줄어들었지만 여전히 화폐의 기본은 종이로 만든 지폐다. 지폐는 그 자체로는 거의 가치가 없지만 정부가 만들어내고 유통을 강제하는 법정화폐다. 이렇게 금화 대신 지폐가 등장하게 된 배경에는 여러 가지가 있다.

먼저 편리성이다. 사람들이 금 덩어리나 금화를 들고 다니면서 거래를 해보니 여러 면에서 불편하고, 금을 채굴하여 금화로 만드는 과정에서 비용도 많이 들어가게 된다. 게다가 다른 경제적 문제도 발생하게 된다. 그중 하나가 사람들이 금화의 가치를 훼손해 유통시키는 것이다.

문제가 발생하는 과정은 다음과 같다. 처음에 금화 하나를 만드는 데는 금 10그램이 필요했다. 금 10그램의 가치를 100원이라고 가정하자. 그렇다면 금화의 실제 가치 역시 100원이다. 그런데 어느 날 한 사람이 꾀를 냈다. 금화에 들어가는 금의 양을 9그램으로 줄이고 그 대신 값싼 구리나 철을 조금 섞어 겉모양이 비슷한 금화를 만들었다. 그렇다면 이 화폐의 실제 가치는 금 9그램에 해당하는 90원 정도여야 한다. 그러나 겉모양만 보고 금이 9그램 들어간 금화와 금이 10그램 들어간 금화를 구분하기는 어려웠기 때문에, 금이 9그램이 들어간 금화를 받고 100원어치 물건을 내주는 상황이 일어났다. 이런 식으로 금이 조금 덜 들어간 금화가 유통되기 시작했지만 비밀은 오래가지 않았다. 누군가 금이 적게 들어간 금화가 유통되는 것을 알게 된 것이다. 이 소문이 퍼지면서 너도나도 금의 양을 줄인 금화를 만들기 시작했다.

그럼 어떤 일이 벌어질까? 금화에 들어간 금이 90원어치밖에 안 된다는 것을 알게 된 후 사람들은 100원짜리 물건을 팔면서 금화 1개 이상을 요구했다. 즉 100원짜리 물건 하나당 금화 1개와 1/10만큼을 더 줘야 한다고 요구한 것이다. 상황은 여기서 끝나지 않는다. 금의 양을 줄인 금화로 재미를 봤던 사람들은 이번에는 금을 8그램만 넣고 금화를 만든다. 이 사실이 알려지면서 이번에는 금을 7그램, 6그램, 5그램만 넣은 금화가 나오기 시작했다. 이런 사정을 알게 된 장사꾼 역시 물건 값을 금화 2개, 3개, 4개로 올린다.

금으로 화폐가 통용되던 시절 이런 일이 반복되면서 실제 금이 2%만 들어간 금화가 발행되었다는 기록도 있다. 이쯤 되면 경제는 혼란에 빠지고 신뢰를 잃은 금화는 화폐 기능을 상실하게 된다. 이것이 화폐가치가 지속적으로 하락하는 '인플레이션'의 시작이다. 앞에서는 국가에 있는 금의 양이 증가하면서 인플레이션이 발생했지만 이번에는 금화의 가치가 하락해서 인플레이션이 발생하는 조금 다른 메커니즘이다. 여기서의 인플레이션은 금화에 들어가는 금의 양을 줄여 사람을 속이는 일종의 범죄행위에서 비롯됐다.

금이 화폐로 유통되던 시절 이런저런 문제들이 발생하자 국가가 이를 해결하기 위해 나섰다. 모든 금은 정부가 보관하고 대신 종이돈을 만들어 유통시키기로 한 것이다. 정부는 이런 조치를 취하면서 누구나 금이 필요할 때 지폐를 가져오면 정부가 이를 금으로 바꿔주겠다고 약속했다. 이와 함께 지폐는 정부만 만들 수 있고 다른 민간인들이 지폐를 만들면 법으로 처벌하기로 했다. 사람들은 이때부터 정부가 만든 지폐를 사용해 필요한 물건을 사게 되었다.

금화에서 지폐로

지폐가 유통되면서 사람들의 거래는 편해졌고, 화폐 발행의 권한을 독점하게 된 정부의 경제적 파워는 더욱 강해졌다. 정부의 힘이 세지면서 정부를 운영하고 관리하는 관료들과 정치인들의 경제적인 영향력도 더욱 강해진 것은 당연했다. 그럼 정부가 지폐를 만들어내는 시대에는 인플레이션이 사라졌을까? 경제의 역사는 그렇지 않다는 것을 보여준다. 처음에는 사람들이 지폐를 가져오면 금으로 바꿔줘야 했기 때문에 지폐를 실제 보유한 금의 양보다 많이 찍어내지는 않았다. 하지만 정부가 마음만 먹으면 돈을 찍어낼 수 있게 되면서 상황이 달라졌다. 금이 아닌 종이로 지폐를 만들어 사용하는 시대에는 정부가 돈이 필요할 때마다 지폐를 찍어내고 싶은 유혹이 훨씬 더 커지는 것이다. 게다가 정치적 행위를 하는 과정에서 돈은 항상 필요하다. 또한 국가가 다른 나라를 상대로 전쟁을 하거나 대규모의 국정 사업을 진행하는 경우, 선거를 할 때 등등 막대한 돈이 필요한 상황은 계속 발생하기 마련이다.

개인들이 자신의 이익을 위해 '가짜 화폐'를 만들었다면 정부는 여러 가지 정치적인 목적을 위해 화폐를 찍어낸다. 명분은 달라졌지만, 화폐가치를 훼손한다는 본질은 똑같다. 이처럼 정부가 보유하고 있는 금 이상으로 돈을 많이 찍어낼 경우 사람들은 자신들이 갖고 있는 지폐의 가치를 의심하게 되고, 지폐를 정부에 돌려주고 금을 찾아올 생각을 하는 사람들이 많아진다. 이때 정부는 자신들이 보유한 금 이상으로 화폐를 찍어냈기 때문에 많은 사람들이 화폐를 들고 오면 바꿔줄 금이 부족하게 된다. 급기야 정부는 국가 공권력을 동원해서 지폐와 금을 바꿔주는 행위를 중단하게 된다. 현대 국가들 중 지폐를 금으로 바꿔주는 정부는 없다. 대신 정부는 화폐의 양을 적절히 조절해서 경제에 부담을 주지 않겠다고 국민들을 설득한다. 국가의 통치행위라는 강제적인 요소와 화폐의 양을 무분별하게 늘리지 않겠다는 설득 과정을 통해 지폐가 계속 통용되게 된다. 이것이 현재 우리가 보는 것 같은 화폐경제가 자리 잡게 된 배경이다.

역사를 살펴보면 정부가 화폐를 발행하는 독점권을 행사하더라도 정부가 돈을 무분별하게 찍어내는 것이 용인되지는 않았다. 정부가 무분별하게 화폐를 찍어내면 돈의 가치가 떨어지고 경제는 망가진다. 마치 금화를 사용할 때 사람들이 금화에 들어가는 금의 양을 점점 줄여 금화를 만들어내면 시장에서 금화로 표시된 물건 값이 오르고 금화의

화폐-물가-성장 관계

통화량 증가율 ÷ 경제성장률 + 물가상승률

가치는 계속 떨어져 결국 금화가 화폐의 기능을 할 수 없게 되는 것과 비슷하다. 이 때문에 정부는 시중에 통용되는 화폐의 양을 적정한 수준으로 유지해야 하는 임무가 새로 생겨났다.

이처럼 국가가 돈을 찍어내고 관리하는 화폐 경제에서 금리의 개념은 금으로 거래할 때보다 한층 뚜렷해진다. 앞서 설명했듯이 화폐의 가치로 표현되는 명목금리는 시간선호에서 발생하는 실질금리에 예상 물가상승률을 더한 것과 같다. 예를 들어 실질금리가 5%, 예상 물가상승률이 3%라면 명목금리는 8%다. 다만 예상 물가상승률을 계산할 때는 화폐의 양이 중요한 변수로 작용한다. 정부가 화폐의 양을 10% 늘린다면 물가상승률이 10%에 가깝게 될 가능성이 높다. 특히 화폐의 양을 관리하는 정부는 민간보다 물가상승률 계산을 조금 더 정확하게 할 수 있다. 정부는 스스로가 화폐를 얼마나 많이 발행했는지 정확히 알고 있지만 개인들에게는 이를 공표하지 않기 때문에 개인과 정부 간에 물가상승률 계산과 관련한 정보의 차이가 발생한다. 따라서 정부는 통화량을 정책적으로 늘리고 줄이면서 금융시장에 개입할 수 있다. 정부가 통화량을 늘렸을 때 개인들이 이를 기대 물가상승률에 반영하면 개인들은 이만큼 물가가 오를 것으로 예상하고 임금도 그만큼 올려달라고 요구할 수 있다. 반면 개인들이 통화량이 늘어난 것을 인식하지 못하면 임금은 오르지 않고 늘어난 돈은 정부가 실질적으로 정책 수단으로 활용할 수 있게 되는 것이다. 예를 들어, 임금 인상 요구가 없으면 정부는 통화량을 늘려 공공 사업 등에서 고용을 늘릴 수 있다. 이러한 정책 수단은 불황기에 정부가 자주 사용하는 방법이다.

Chapter 2

금리와
은행

은행 구조와
금리

돈을 빌려주는 사람과 빌리는 사람이 만나 이자를 주고받는 과정에서 중간 역할을 하는 기관이 은행이다. 은행이 생겨나게 된 배경은 이렇다. 사람들이 생활을 하다 보면 미래를 위해 돈을 보관해둘 필요가 생겨난다. 예를 들어, 대부분의 사람들이 젊었을 때는 버는 돈이 쓰는 돈보다 많지만 나이가 들면 쓰는 돈이 버는 돈보다 훨씬 많게 된다. 집을 사거나 사업을 할 때 한꺼번에 많은 목돈이 필요하지만 돈을 벌 때는 조금씩 버는 경우가 많다. 이러한 수입과 지출 사이의 시차 때문에 돈을 일정 기간 보관할 필요가 생겨난다.

고대 그리스에서는 도시국가들 사이에 전쟁이 끊이질 않았다. 사람들은 전쟁터에 나갈 때마다 모아놓은 재산을 어떻게 보관할지 고민이었다. 그래서 그들이 선택한 곳은 '신전'이었다. 당시 신전은 신성한 장소였고 또 사람들이 많이 모이는 곳이라 비교적 안전할 것이라고 생각했던 듯하다. 전쟁에 나가기 전 그리스인들은 재산을 신전에 가져다놓고 전쟁이 끝난 후에 이를 찾아갔다. 이렇게 역사적·사회적으로 사람들의 재산을 보관할 필요성은 언제든지 있어왔다.

사회적으로 누군가는 다른 사람들의 재산을 보관했다가 필요할 때 다시 돌려주는 역할을 해야 할 필요가 커지자 이런 일을 업으로 하는 사람들도 생겨났다. 주로 튼튼한 금고를 만들 수 있고 돈을 맡겨도 좋을 정도로 신뢰를 얻은 사람들이 이 역할을 담당하게 되었다. 처음에는 사람들의 재산을 안전하게 보관해주고 필요할 때 이를 다시 돌려주니 그에 대한 보수를 지급하는 방식이었다. 즉, 돈을 보관해주는 사람들이 보관료 명목으로 일정 부분을 수수료로 뗀 것이다.

그러던 중 재밌는 사실을 발견한다. 사람들이 돈을 맡긴 후 찾아가기까지 일정한 패턴이 발생하는 것이다. A는 주로 돈을 맡긴 후 6개월 후에 찾아가고, B는 1년 후에 찾아간다. C 같은 사람은 한번 맡기면 2년 넘게 찾아가지 않는 경우가 다반사다. 이렇게 사람들이 돈을 맡긴 후 찾아가는 기간이 어느 정도 예상이 되면 돈을 맡아주는 사람은 사람들의 돈을 늘 보관만 하고 있을 이유가 없어진다. 예를 들어 A, B, C가 모두 100원씩 맡겼다면 돈을 맡아주는 사람 입장에서는 평균적으로 금고에 항상 100원 정도만 보유하고 있으면 돈을 돌려주는 데 별 문제가 없다. 그러면서 6개월 후에 A에게 100원, 1년 후 B에게 100원, 2년 후 C에게 100원을 내주면 된다. 200원만큼은 굳이 자신이 창고에 넣어놓고 찾아가기를 기다리고만 있을 이유가 없어지는 것이다.

이때부터 돈을 맡아주던 사람은 200원을 돈을 필요한 사람에게 다시 빌려주는 일을 시작한다. 돈이 필요한 사람은 어디에나 있게 마련이다. 이들은 돈을 빌려주면서 이자를 받는다. 이자를 받는 이유는 개인 간의 거래에서와 마찬가지다(현재가치와 미래가치). 자기 돈도 아닌데 돈을 빌려주면서 이자를 받을 수 있는 방법을 찾아낸 것이다. 이 수입이 의외로 짭짤하다. A, B, C의 돈을 맡아주기로 약속하면서 보관료를 5% 받고, 200원만큼의 돈을 빌려주면서 10% 정도의 이자를 받는다고 가정하자. 이 경우 돈을 보관하고 받는 보관료보다 돈을 빌려주면서 받는 이자 수입이 더 많게 된다. 그렇게 되면 돈을 맡아주는 사람은 더욱더 돈을 맡길 사람을 찾게 된다. 돈을 맡길 사람이 많아져 자신이 맡는 돈의 양이 증가하면 대출을 많이 할 수 있고 이자도 많이 벌 수 있기 때문이다.

이제 돈을 맡아주던 사람은 더 많은 돈을 맡기 위해 돈을 맡기면 보관료를 받는 것이 아니라 오히려 맡긴 돈에 대한 이자를 주겠다고 한다. 이렇게 해서 돈을 맡아주던 사람은 은행이 되고 사람들이 돈을 맡기면 이자를 받는 '예금'의 개념이 탄생했다. 은행 입장에서 예금은 언젠가 돌려줘야 할 부채다. 은행은 다양한 사람들에게 이자를 주고 부채인 예금을 받아 이를 대출해서 수익을 얻는 기본적인 구조를 만들었다. 대출은 은행 입장에서는 언젠가 회수할 수 있는 자산이 된다. 이때 은행이 수익을 얻기 위해서는 예금이자보다 대출이자가 더 높아야 한다. 이런 이유로 은행의 금리는 예금금리와 대출금리로 이원화된다. 여기서 예금과 대출이자의 차이인 '예대마진'이라는 개념도 생겨났다.

은행이 손쉽게 돈을 버는 것처럼 보이지만 의외로 할 일이 많다. 은행은 돈에 여유가 있는 사람들을 찾아가서 이자를 주고 예금을 유치해

은행의 구조

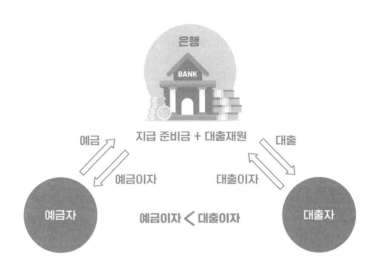

야 한다. 그리고 돈을 맡긴 사람들이 평균적으로 얼마나 자주 돈을 찾아가는지도 계산해야 한다. 이것이 '평균 만기'라는 개념이다. 이 계산이 끝나면 돈을 얼마나 빌려줄 수 있는지 결정된다. 그 이후에는 대출을 받고 싶어 하는 사람들에게 돈을 빌려준다. 또 돈을 빌려준 사람들이 돈을 제대로 갚는지 늘 체크하고 돈을 안 갚을 때는 빌려준 돈을 어떻게 회수해야 할지도 고민해야 한다. 예를 들어, 돈을 갚지 않을 때는 대출자의 집이나 재산을 처분하겠다는 약속을 하기도 하고, 돈을 빌려 간 사람이 돈을 갚지 않을 때는 다른 사람이 대신 갚아주겠다는 약속을 받아내기도 한다. 여기에서 '담보'나 '연대보증' 등의 개념이 생겨났다.

은행의 탄생 배경을 통해 구조적인 문제를 한번 짚어보자. 기본적으로 은행은 예금을 받아서 이 중 일부를 남겨놓고 나머지를 대출해서 수익을 얻는 구조다. 여기서 사람들이 맡긴 돈을 평균적으로 얼마나 찾아갈지에 대한 예측은 필수적이다. 현대 경제에서는 이렇게 은행이 예금 지급을 위해 준비해두는 돈의 비율을 '지급 준비율'이라고 한다. 앞의 예에서는 총 300원의 예금을 받고 평균적으로 100원 정도 찾아간다는 가정을 했다. 이때의 지급 준비율은 대략 33% 정도다. 오늘날에는 돈을 맡기는 사람들이 많아지고 한꺼번에 찾아가는 경우는 줄어들면서 은행들은 대부분 10% 이내의 지급 준비율을 유지하고 있다.

문제는 예금을 찾아가려는 사람들의 행동은 그들의 심리에 크게 의존한다는 점이다. 평상시에는 평균적으로 10% 안팎의 예금자만 돈을 찾아간다고 해도 경제 위기가 닥치거나 은행의 상태가 불안하다고 느끼면 이 비율은 갑작스럽게 늘어난다. 예금을 한 사람들의 입장에서는 자신이 맡긴 돈이 제때 지급되지 않을 것 같다는 느낌이 들면 돈을 맡기지 않고 스스로 보관하려고 할 것이기 때문이다. 고객들이 한꺼번에 맡긴 돈을 찾겠다고 은행으로 달려가는 뱅크런 현상이 발생할 경우 은행은 이들 모두에게 돈을 내어줄 수 없다. 이 돈을 내어주기 위해서는 은행이 대출한 사람들에게 일시에 돈을 회수해야 하는데 이는 현실적으로 거의 불가능한 일이기 때문이다. 한번이라도 은행이 예금을 제때 내어주지 못했다는 소문이 돌면 예금자들은 돈을 찾기 위해 너도나도 은행으로 달려갈 것이다. 그렇게 되면 은행은 '예금지급불능' 상태에 빠지고 문을 닫게 된다. 그러면 수많은 사람들이 예금을 찾지 못하는 악순환이 발생하고 경제는 큰 혼란을 겪게 된다. 은행은 사전에 이 같은 문제를 차단하기 위해 늘 재무 상태를 건전하게 유지하고 이를 고객들에게 알릴 필요가 있다. 은행의 신뢰는 아무리 강조해도 지나치지 않을 만큼 중요하다.

중앙은행과
금리의 분화

%

중앙은행이 등장하면서 금리는 본격적으로 분화된다. 지금까지 금리는 시장에서 돈을 주고받는 사람들 사이에서 결정되었다. 그런데 어느 날 중앙은행이 정해서 발표하는 '기준금리'라는 것이 생겨나면서 금리 체계가 복잡해졌다. 이제 모든 시장 금리 체계는 기준금리를 기반으로 움직인다. "중앙은행에 맞서지 마라"는 말이 생겨날 정도로 중앙은행이 시장에 미치는 영향력은 무시무시하다. 그렇다면 중앙은행은 어떻게 금리를 좌지우지하게 된 걸까?

과거 왕실이나 정부의 통치권자들은 그들의 행위가 공공을 위한 목적으로 실행된다는 명분을 내걸었다. 하지만 때론 명분과 달리 왕실이나 정부 관료들의 이익을 대변하는 경우도 있었다. 속내가 어찌 됐건 모든 정책에는 돈이 필요하며, 정부나 왕실의 돈은 기본적으로 국민들의 세금으로 조달된다. 하지만 세금을 걷는 것은 언제나 저항에 부딪히게 된다. 무리한 세금을 걷다가 국민들의 저항에 부딪혀 왕조나 국가가 무너지는 경우를 종종 보았을 것이다. 세금으로 돈을 조달할 수 없으면 정부나 왕실도 돈을 빌려야 하므로 거래를 할 수 있는 믿을 만한 은행이 필요해졌다. 이것이 정부와 주로 거래하는 은행인 중앙은행이 등장하게 된 까닭이다.

금융시스템의 불안도 중앙은행이 등장하게 된 요인 중 하나다. 개별 은행의 입장에서는 항상 예금자들이 언제 몰려올지 불안하다. 은행업의 특성상 다른 사람의 돈인 예금으로 마련한 자금을 활용해 대출을 함으로써 수익을 올리기 때문에 대출을 많이 할수록 수익은 늘어나지만 예금자들이 일시에 예금 인출을 요구하면 내어줄 돈이 그만큼 부족해져 낭패를 본다. 따라서 은행은 문제가 생겼을 때 돈을 빌려 예금을 지급할 수 있는 기관이 있었으면 좋겠다는 생각을 하게 된다. 이때 은행들은 여러 은행 중 가장 크고 믿을 만한 중앙은행에게 돈을 맡기고 필요할 때 돈을 빌릴 수 있는 계약을 체결한다. 이렇게 중앙은행은 '은행의 은행' 역할도 하게 된다. 중앙은행은 은행들에게 돈을 빌려주기만 할 뿐 다른 곳에서 돈을 빌릴 수는 없다. 이런 점에서 금융시스템에서 마지막 대부자라는 의미의 '최종 대부자'라고 불리기도 한다.

이처럼 중앙은행은 정부와의 거래 필요성과 은행 시스템의 안정을 위해 고안된 제도다. 역사상 최초의 중앙은행으로는 1668년에 설립된 스웨덴의 릭스방크Riksbank가 있고 그 다음으로는 1691년에 만들어진 영국의 잉글랜드 은행Bank of England 등이 꼽힌다. 이 최초의 중앙은행은 민간이 주도하여 설립되었다. 릭스방크는 네덜란드 상인 출신인 요한 팜스트룩Johan Palmstruch이 만들었으며, 잉글랜드 은행은 프랑스와의 전

정부와 중앙은행, 시중은행의 관계

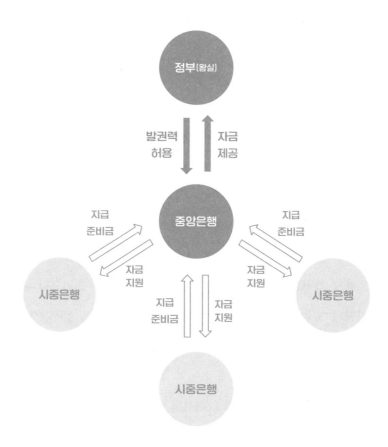

쟁 경비 조달을 위해 당시 국왕이었던 윌리엄 3세의 요구에 따라 영국의 자본가들이 설립하였다. 중앙은행은 왕실과 거래하면서 화폐로 통용되는 은행권을 발행할 수 있는 특권도 받았다. 이후 은행들이 대규모로 파산할 위기가 닥칠 때마다 중앙은행은 자본력과 발권력을 동원해

　　　　　　　　　　　　세상 친절한 금리수업

금융시스템을 안정시키는 데 기여하면서 '정부의 은행'과 '은행의 은행'이라는 역할을 하며 발전해갔다. 왕실이 설립한 중앙은행과 달리 미국의 중앙은행인 연방준비은행Federal Reserve Bank은 1907년 은행에 대한 신뢰가 무너지면서 대량의 예금 인출로 금융시스템의 위기가 발생하자 JP모건 등 미국의 대형은행들이 출자해 설립한 은행이다. 미국 정부는 이 은행들을 주축으로 1913년 연방준비제도Federal Reserve System를 만들어 중앙은행의 역할을 맡기고 있다.

중앙은행 설립 초기에는 화폐 발행 권한을 다른 은행과 함께 갖고 있었다. 그러나 여러 은행들이 제각각 예금을 받은 후 증서로 제공했던 '은행권'을 남발하면서 문제가 생기자 이를 일률적으로 총괄할 수 있는 방법이 필요했다. 따라서 스웨덴과 영국 등 초창기 중앙은행을 만든 나라들은 은행권을 발행하는 독점적인 권한을 중앙은행에 부여함으로써 화폐경제의 안정을 도모했다. 중앙은행이 발행한 은행권만이 나라에서 유통되는 유일한 화폐로서 역할을 하게 된다. 이후 혼란을 방지하기 위해 중앙은행을 제외한 다른 은행들이 화폐를 발행하는 것은 엄격히 금지됐다.

정부가 화폐가치를 훼손하는 것을 막기 위해 각국 정부는 표면상으로는 중앙은행이 독립적으로 역할을 담당하도록 하고 있다. 즉, 중앙은행이 화폐가치와 금융시스템의 안정을 위하는 것이 정부 정책을 도와주는 것보다 선행되어야 한다는 것이다. 하지만 실제로는 전 세계 어느 정부도 중앙은행에 온전한 독립성을 보장하고 있지는 않다. 정부가 꼭 해야만 하는 정책을 수행하려면 중앙은행의 도움을 받아서라도 돈을 확보해야 하는 일이 발생할 수밖에 없기 때문이다. 이런 점에서 정부와 중앙은행은 너무 가까워도 너무 멀어도 안 되는 '불가근불가원'의 관계를 유지하면서 때때로 화폐가치 안정보다 정치적인 판단을 하는 경우도 종종 발생한다.

경제 규모가 작을 때는 중앙은행이 화폐량을 통제할 수 있지만 경제 규모가 커지고 민간이 보유한 화폐량이 늘어나면 문제가 생긴다. 중앙은행이 화폐를 찍어내지 않더라도 가계와 기업이 장롱 속에 넣어두었던 화폐를 꺼내 사용하면 시중에는 통화량이 늘어나는 효과가 발생하기 때문이다. 반대로 중앙은행이 화폐를 찍어 유통시켜도 사람들이 이를 거래에 사용하지 않고 장롱 속에 넣어둔다면 시중에 유통되는 통화량은 늘어나지 않는다. 즉, 경제 규모가 커지면서 시중에 유통되는 화폐의 총량은 중앙은행이 찍어내는 것과 민간이 얼마나 이 화폐를 유통시키는지에 달려 있는 것이다. 이때 민간이 얼마나 화폐를 유통시키는지를 평가하는 지표를 '화폐 유통 속도'라고 한다. 세상이 복잡해지자 중앙은행은 화폐량을 직접 조절하는 것이 아니라 화폐를 보유하는 일종의 비용인 금리를 통제함으로써 통화정책을 펴는 방안을 만들어냈다. 현재 대부분의 중앙은행들은 통화정책의 표적을 화폐량보다는 금리에 두고 있다. 정책의 기준은 바뀌었지만 금리를 조절하는 것과 화폐량을 조절하는 것은 밀접한 관련이 있다.

다음 그래프는 2019년 이후 미국의 통화량(M2) 증가율과 기준금리를 표시한 것이다. M2는 광의의 통화량을 나타내는 지표로, 여기에는 시중의 현금, 요구불예금, 수시입출식 예금과 함께 만기 2년 미만의 정

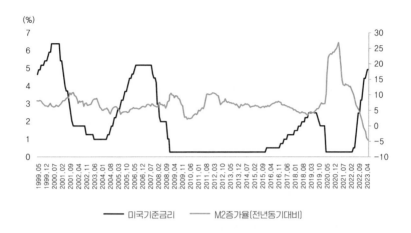

미국 기준금리와 통화량 증가율

자료 | 한국은행

기예적금, 금융채, 금전신탁과 수익증권, 머니마켓펀드(MMF) 등이 포함된다. 코로나 이후 미국은 기준금리를 0%까지 낮추었고 통화량 증가율은 한때 23%까지 치솟았다. 금리를 낮춘다는 것은 중앙은행이 시중에서 채권을 사들이고 돈을 푸는 것을 의미하기 때문에 통화량이 증가하게 되는 것이다. 이후 2022년 들어 미국이 기준금리를 올리면서 통화량 증가율은 2023년 1월 -1.76%까지 떨어진 상태다.

한은 기준금리의 정치경제학

%

우리나라의 기준금리를 결정하는 중앙은행인 한국은행을 바라보는 사람들의 인식은 변화해왔다. 재정경제부 장관이 한국은행 금융통화위원회 의장을 겸임하던 1990년대까지 한은은 그저 정부의 산하기관이었다. 정부의 뜻에 따라 금리정책을 펴는 집행기관 정도의 역할이었던 것이다. 그러나 2018년 개봉된 〈국가부도의 날〉이라는 영화에서 한국은행 직원들은 1997년 외환위기 당시 미국의 부당한 요구에 굴복하려는 정부에 맞서 싸우는 '정의의 투사'로 묘사된다. 이처럼 한국은행은 시대에 따라 '정부의 시녀'에서 '정의의 투사'까지 극과 극의 이미지로 대중들에게 각인되었다. 제도적으로는 1997년 외환위기 이후 한국은행과 관련된 법이 바뀌면서 변화가 있었다. 한국은행 총재가 금융통화위원회 위원장을 맡고 정부 측 인사가 직접 금통위에 참여하는 것을 방지한 것이다. 이는 중앙은행의 통화정책 독립성을 강화한다는 취지였다.

그렇다면 한국은행은 실질적으로 정부로부터 독립하게 되었을까?

2014년 당시 경제부총리인 최경환 장관은 한은과 기획재정부를 '한 수레 두 바퀴'라고 표현해 화제가 됐다. 한은과 재경부는 하나의 수레를 끌어가는 두 개의 바퀴라는 이야기다. 어느 하나도 기울어서는 수레를 잘 끌 수 없고 두 바퀴가 높이를 잘 맞춰 함께 굴러가야 한다는 의미다. 두 기관이 동등한 위치에서 협력해야 한다는 의미로 해석할 수도 있다. 하지만 그동안의 역사를 보면 실제로 수레를 앞에서 끌고 가는 것은 한 은보다 정부였다. 경제부총리의 발언이 정부가 끌고 가는 수레의 바퀴로서 한은의 역할을 강조한 것으로 해석된다면 이는 한은이 아직도 정부로부터 독립하지 않았다는 것을 보여주는 것이다. 특히 정치적으로 민감한 시기에 정부 부처는 정치적 입장을 대변할 수밖에 없고 한은에도 이 같은 압박이 작용한다. 한은이 정부와 정치의 압박에 어떻게 대처하는지는 한은의 위상뿐만 아니라 국가경제의 향후 방향과도 밀접한 관련이 있다.

한국은행의 금리 결정에 영향을 미치는 또 하나의 변수는 미국이다. 우리나라의 금리가 세계 경제에 영향력이 가장 큰 미국의 금리정책에 영향을 받는 것은 어찌 보면 당연하다. 미국이 기준금리를 올리고 내리는 정책을 펴면 우리나라가 한두 달 정도 뒤에 미국을 따라 금리를 변동해왔다. 2022년 8월 당시 이창용 한국은행 총재도 언론과의 인터뷰에서 "한국은행의 통화정책이 우리나라 정부로부터는 독립했지만, 미국 연방준비제도(Fed)의 통화정책으로부터는 완전히 독립하지 못했다"라고 말한 바 있다. 소규모 개방경제인 우리나라의 상황에서 미국보다 금리 인상을 먼저 종료하기는 어렵다고 언급하기도 했다. 어쩌면 우리나라의 통화정책을 가장 쉽게 결정하는 방법은 미국의 기준금리 방향을 그대로 따라하는 것일지도 모르겠다. 실제 과거 역사를 보면 몇 번의 경우를 제외하고는 우리나라와 미국의 통화정책이 비슷하게 움직였다는 것을 알 수 있다.

대부분의 경우 한국은행과 정부 경제 관료의 경제에 대한 인식은 비슷하다. 모두 경제 전문가들로 구성된 조직이니 의견 차이가 크게 날 이유도 없긴 하다. 다만 문제가 될 때는 정치가 개입할 때다. 정치인들의 경제를 바라보는 관점은 한은 직원이나 정부 관료들과는 좀 다르다. 특히 선거 등 큰 정치 이벤트가 있을 때는 견해 차이가 커진다. 이때 정치권이 임명하는 관료들이 주축이 된 정부는 정치권의 입장을 대변한다. 반면 한국은행은 정치의 변화와는 일정 정도 거리가 있기 때문에 정치권과는 다른 목소리를 내게 될 때가 있다. 이렇게 정부와 한은의 입장에 차이가 생길 경우에는 통화정책을 펼치기가 한층 어려워진다.

한국은행 총재와 금융통화위원들이 작정하고 정부와 정치권의 입장을 무시하는 경우도 있긴 하지만 경제 상황보다는 정치에 유리한 결정을 할 때도 있다. 예를 들어, 2023년 2월 한은 금융통화위원회(이하 금통위)는 중요한 결정을 앞두고 시장의 각별한 주목을 받았다. 시장이 주목한 점은 과연 우리나라 중앙은행이 미국과 우리 정부, 두 가지로부터 '독립'할 수 있을까 하는 부분이었다. 당시 시장에서는 한은이 계속 금리를 올렸던 미국의 영향력을 감안한다면 금리를 인상할 것이고 경기 침체와 고금리로 고통받고 있는 국민들을 어루만져주려는 정부와 정치권의 입장을 고려한다면 금리를 동결할 것이라고 예상했다. 결국 한은은 기준금리를 연 3.5%로 동결했다. 미국을 포함한 대외 상황보다는 정부의 입장이 더 반영된 결정이었다.

당시 미국은 인플레이션을 막기 위해 계속 금리를 올리고 있는 상황이었고, 우리나라와 미국의 경제지표도 금리 인상을 뒷받침했다. 미국의 소비자물가상승률은 2022년 6월(9.1%)을 고점으로 하락세로 꺾였지만 미국 연방준비제도(Fed)의 목표치인 2%를 크게 웃돌았다. 우리나라의 물가는 2022년 7월(6.3%)을 고점으로 꺾이는 모습을 보이면서 2022년 말에는 연 5%까지 떨어졌다가 2023년 1월 들어서는 연 5.2%를 기록하면서 다시 상승세로 돌아섰다. 대외 상황도 금리 인상 쪽에 무게가 실렸다. 2023년 2월 초 달러당 원화 환율은 1,227원까지 떨어졌다가 다시 상승세로 반전하면서 1,300원대를 오르내렸다. 게다가 우리나라와 미국의 기준금리 차이가 벌어질 경우 국내 자본 유출에 대한 부담도 커지는 상황이었다. 물가 안정이라는 한국은행의 정책 목표와 우리나라와 미국을 둘러싼 각종 대내외 경제지표들을 감안하면 한은이 금리를 올리는 것이 타당해 보였다.

하지만 국내 상황이 만만치 않았다. 분기별 경제성장률이 2022년 2분기 이후 내리막길을 걷고 있었기 때문이다. 경기 침체 분위기가 강해지면 금리 인상의 명분이 약해진다. 정부와 정치권의 압박은 점점 강해졌다. 정부의 '경기 둔화' 선언과 정치권의 '금리 인하' 요구는 한은 금통위 입장에서는 모두 금리를 올리지 말 것을 간접적으로 요구하는 일종의 압박이었다.

2022년 이후 한은이 기준금리를 7번 연속 올리는 과정에서는 미국의 긴축 움직임이 워낙 뚜렷했고 우리 정부도 한은의 금리정책에 대해 노골적으로 간섭하지는 않았다. 따라서 한은 입장에서 금리 인상은 어찌 보면 쉬운 결정이었다. 하지만 2023년 2월 금통위를 앞두고는 상황이 달랐다. 미국에서는 연일 긴축 강화의 신호가 오는 반면 정부는 금리 동결의 메시지를 계속 보냈고, 한은은 둘 중 하나를 택해야 하는 입장이 됐다. 이후 한은의 금리 동결 결정은 일단 미국 통화정책과 보조를 맞추는 것보다 정부 정책에 순응하는 방향으로 한발 더 가까이 간 것으로 풀이된다. 이처럼 정치가 개입되면 통화정책에 혼란이 발생하기 쉽다.

보통 기준금리 인하 결정은 많은 이들에게 환영받는다. 국민들은 당장 대출이자가 내려가서 좋고 정치권도 금리 인하로 경기가 살아나면 인기가 올라갈 것이기 때문에 좋아하는 것이다. 반면 금리 인상은 강한 저항을 받게 된다. 미국도 (우리나라보다는 상황이 낫지만) 금리에 대한 정치적 압력이 없지는 않다. 2019년 미국 대통령이었던 도널드 트럼프는 미국 연준이 금리를 내려야 한다고 공개적으로 여러 차례 언급했다. 그럼에도 불구하고 당시 연준이 금리를 수차례 인상하자 트럼프 대통령은 "파월과 시진핑 중 누가 미국의 적인가"라고 언급하며, 연준에 금리를 인하해줄 것을 강하게 압박했다. 2019년 7월, 결국 미국 연준은 트럼프 대통령의 압박에 기준금리를 인하했다. 이처럼 '정치로부터의 독립'은 한국은행을 비롯한 세계 각국 중앙은행의 공통된 숙제다. 정치의 개입이 강해지면 금리를 내리고 한국은행의 독립성이 강해지면 금리를 올리는 분위기가 형성되는 것도 우리나라 금리변동의 특징이다.

세상 친절한 금리수업

우리나라 국고채 금리와 물가상승률

위 그래프도 이와 같은 사정을 반영하고 있다. 일반적으로 시장금리와 물가는 비슷한 흐름을 보인다. 물가가 오르면 기준금리를 올리고 이경우 시장금리의 지표 역할을 하는 3년 만기 국고채 금리도 오른다. 하지만 때때로 물가가 올라가는데 금리는 떨어지는 흐름을 보일 때가 있다. 1999년부터 2001년까지, 또 2002~2003년, 2008~2009년 기간에이런 흐름이 보였다. 이때는 물가가 올랐는데도 금리를 낮춰야 했던 다른 원인이 더 크게 작용한 경우다. 경제적인 이유도 있지만 정치적인 이유도 있다. 이렇듯 금리 흐름을 예측할 때는 경제적 이유뿐 아니라 정치적인 이유도 감안해야 한다.

금리 포퓰리즘의
유혹

%

과거 정부의 높은 직위에 있던 한 인사가 회의석상에서 "소득이 높을수록 높은 금리를 내야 한다"라는 발언을 해서 화제가 된 적이 있다. 사람들이 은행에서 대출을 받을 때는 항상 소득 관련 내용을 제출해야 한다. 그러면 은행은 이를 검토하고 개인별 대출금리를 알려주는데, 일반적으로 소득이 높은 사람에게는 낮은 대출금리가 적용되고 소득이 낮으면 대출금리가 올라간다. 그동안 모든 사람이 당연하게 생각해왔던 것인데 정반대의 이야기가 나온 것이다. 소득이 많은 사람이 높은 대출금리를 감당할 여력도 많으니 높은 이자를 내는 것이 바람직하지 않느냐는 논리다. 그렇다면 이러한 논리의 문제는 무엇일까?

고소득자가 고금리를 지불해야 한다는 논리는 이자를 세금처럼 받아들이는 것이다. 일반적으로 세금은 누진세율이 적용돼 소득이 높을수록 더 많이 낸다. 여기에 대해서는 사람들의 공감대도 이미 형성되어 있고 정부의 이 같은 정책을 '포퓰리즘'이라고 비난하기도 힘들다. 같은 논리를 적용해 사람이 부담할 수 있는 정도에 따라 금리를 적용시킨다는 것은 일견 그럴듯해 보인다. 하지만 세금과 이자는 근본적으로 다르다. 세금은 사후 소득에 대한 것이고 세금과 관련된 시장도 없다. 또 정부에게는 국가정책을 수행하는 과정에서 세금을 일방적으로 정할 수 있는 권리가 있다. 하지만 금리 문제는 그렇게 간단하지 않다. 금리가 결정되는 원칙에 따라 이 논리를 꼼꼼히 따져보자.

먼저 금리는 미래의 자금을 현재로 당겨서 사용하는 것에 대한 대가다. 앞에서 설명했듯이 수요 면에서 본다면 미래의 돈을 현재로 가져오는 이유로는 투자와 소비가 있다. 소비는 미래보다는 현재의 필요성에서 나온다. 집을 사거나 병원비 등 자금 수요가 생겨 현재 소득 이상의 돈을 써야 할 때 사람들은 돈을 빌린다. 소득이 많은 사람일수록 소비 목적으로 돈을 빌리는 수요가 적다. 만약 고소득자에게 금리를 더 높게 적용한다면 이들은 돈을 빌려야 하는 소비를 더욱 줄일 것이다. 금융 회사가 고금리를 물리려고 해도 그 대상이 줄어드는 것이다. 반면 현재 소득이 낮은 사람들은 미래의 소비를 현재로 당겨서 사용할 가능성이 높다. 이들에게 부여하는 금리를 줄여준다면 현재 소비를 한층 늘릴 것이다. 그렇게 되면 금리는 낮지만 빌리는 돈의 양이 늘어나 전체적으로 이자 부담이 늘어날 수도 있다. 이자율이 낮아지는 효과보다 대출이 늘어 이자 부담은 오히려 늘어나는 구조가 형성될 수 있다.

또 다른 자금 수요는 투자다. 투자는 현재 먹을 수 있는 옥수수를 심어 미래에 더 많은 옥수수를 먹겠다는 농부의 심정으로 현재 자금을 투입하는 행위다. 빚을 내서 투자하는 경우, 이 돈에 대한 이자는 미래에 발생할 수익과 관련이 있다. 예를 들어 이번에 10억을 투입해 미래에 11억 원을 벌 수 있을 것으로 예상된다면 이 사람은 최대 10%까지 이자를 지급할 용의가 있을 것이다.

기본적으로 투자수익률은 투자를 하는 사람들의 현재 소득과는 관련이 없다. 그런데도 소득이 낮다는 이유로 돈을 빌릴 때 낮은 이자율을 적용받는다면 소득이 낮은 사람들은 미래 수익률이 다소 낮더라도 과감하게 투자를 할 수 있게 된다. 예를 들어 저소득자들의 대출금리를 낮춰주면 이들은 투자수익률이 5% 정도밖에 안 되더라도 은행에서 돈을 빌려 투자를 할 수 있다. 같은 논리를 고소득자들의 경우에 적용하면 고소득자들은 투자 수익률이 15% 이상은 돼야 은행에서 돈을 빌려 투자를 하려고 할 것이다. 소득과 무관하게 대출금리가 적용된다면 투자수익률이 평균적으로 10% 정도 되는 곳에 투자가 이루어지겠지만 고소득자와 저소득자의 금리를 차등화해 적용한다면 저소득자는 투자수익률 5% 정도 되는 곳에, 고소득자는 투자수익률 15%가 넘는 곳에 투자를 하게 된다. 이 경우 사회 전체적으로는 투자수익률이 낮은 곳에 자금이 투자될 가능성이 커지고 이는 사회적 비효율성을 야기한다. 미래 수익률이 높은 곳에서부터 순차적으로 투자를 하는 것이 유리하지만 소득이라는 변수를 불합리하게 적용해 금리 체계를 왜곡하게 되면 효율적인 투자가 이뤄질 수 없는 것이다.

지금까지는 자금의 수요 면에서 살펴보았다면 이제 자금을 공급하는 금융회사의 입장을 생각해볼 때다. 이때는 더 큰 문제가 발생한다. 금융회사 입장에서는 돈을 빌려줄 때 돈을 제대로 갚을 수 있는지를 가장 중요한 기준으로 생각한다. 일반적으로 소득이 높은 사람은 돈을 갚지 않을 위험이 작다. 이 때문에 금리가 낮더라도 돈을 빌려주는 것이다. 반면 소득이 낮은 사람들은 미래에 돈을 갚지 못할 가능성이 크다. 금융회사는 이 위험을 금리에 반영해 소득이 낮으면 높은 금리를 적용한다. 그런데 정부가 소득이 높은 사람에게 높은 금리를 받고 소득이 낮은 사람에게 낮은 금리를 받도록 강제한다면 금융회사는 소득이 낮은 사람에게 돈을 빌려주는 것을 꺼리게 된다. 그렇게 되면 소득이 낮

은행, 저축은행 대출금리 비교 (2023년 1월)

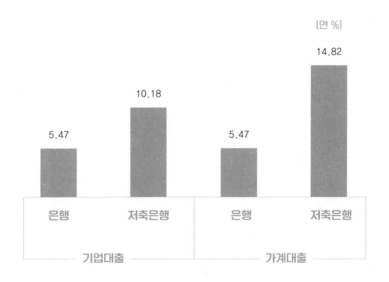

[연 %]

기업대출: 은행 5.47, 저축은행 10.18
가계대출: 은행 5.47, 저축은행 14.82

자료 | 한국은행

은 사람은 대출을 받기 어려워진다.

우리나라 금융회사들은 기본적으로 계층적 구조를 형성하고 있다. 은행은 우량고객과 거래를 하고 대출금리도 다른 금융권보다 낮게 책정한다. 그런데 은행이 대출해줄 수 있는 여력에 비해 개인들의 대출 수요는 훨씬 많다. 이 때문에 은행에서 대출을 거부당하면 저축은행 등 제2금융권에서 돈을 빌려야 하는데, 이 경우 은행보다 높은 대출금리가 적용된다. 저축은행은 시중은행보다 상대적으로 대출 위험이 높은 개인이나 기업들을 상대로 돈을 빌려주고 조금 더 높은 이자를 적용하는 금융회사다. 저축은행에서도 대출을 거부당한 저소득자들은 비제도권 금융기관에서 자금을 조달할 가능성이 높다. 사채私債 시장 같은 비제도권 금융회사는 높은 수익을 위해 불법을 감수하고 영업하는 경우가 많아 정부의 정책과 무관하게 이자를 책정한다. 따라서 비제도권 금융회사를 이용할 수밖에 없는 저소득자들은 금리 우대 정책 시행 전보다 훨씬 더 높은 금리를 물고 급전을 빌리게 된다.

반면 고소득자들은 금융회사들이 앞다퉈 돈을 빌려주려고 할 것이다. 그렇다고 정부가 요구하는 높은 금리를 적용하지 않을 수는 없다. 그렇게 되면 은행들의 경쟁은 금리가 아닌 다른 곳에서 발생할 수 있다. 대출을 받는 고소득자에게 비싼 사은품을 제공하거나 금융회사가 제공하는 다른 서비스를 무료로 사용할 수 있게 하는 등의 혜택을 통해 고객을 유치하는 것이다. 결국 고소득자들의 대출 이자는 높지만 다른 혜택을 받아 실질적인 부담은 이전보다 줄어든다. 저소득자들을 지원하겠다는 기대했던 정책 효과와는 달리 오히려 저소득자들의 부담은 커지고 고소득자들의 부담은 적어져 빈부차가 커지고 양극화가 심해지는 결과를 가져올 수 있는 것이다.

그런데도 정책 담당자들은 상황이 어려워지면 습관적으로 금융을 정책 수단으로 동원하려고 한다. 정부는 2021년 7월에 법정 최고금리를 연 20%까지 낮췄다. 법정 최고금리란 은행·보험·증권·저축은행 등 모든 제도권 금융회사들이 받을 수 있는 대출금리의 상한선을 말한다. 이들 회사가 연 20%가 넘는 금리를 적용시키면 법으로 처벌을 받게 된다. 이 제도는 금융회사들이 과도한 대출금리를 적용해 국민들의 부담을 가중시키는 것을 막기 위해 도입한 제도다.

2021년 법정 최고금리를 인하한 것은 서민들의 이자 부담을 낮춰준다는 취지에서 비롯됐다. 당시 한국은행 기준금리는 0.5%였다. 문제는 시중금리가 대폭 올라도 법정 최고금리가 그대로 유지되는 경우다. 2023년 2월 한국은행 기준금리는 연 3.5%로 대략 7배 올랐다. 기준금리 인상으로 제도권 금융회사들의 대출금리도 급등할 수밖에 없었는데, 법정 최고금리는 여전히 연 20% 그대로였다. 그러다보니 제도권 금융기관에서 밀려나 비제도권 금융시장으로 향하는 금융 취약계층들이 늘어나는 현상이 일어나고 있다. 제도권 금융회사들이 실세금리가 올랐는데도 법정 최고금리 이상을 받을 수 없게 되자 서민들을 대상으로 한 대출을 줄였기 때문이다. 2022년 서민금융진흥원 통계를 보면 비제도권 금융시장에서 대출받은 사람 중 연 240% 이상의 이자를 지급하는 사람의 비중이 16.2%에 달했다. 실세금리가 오르는데 법정 최고금리는 그대로 유지되면 서민들이 사채시장으로 내몰리게 되고 결국

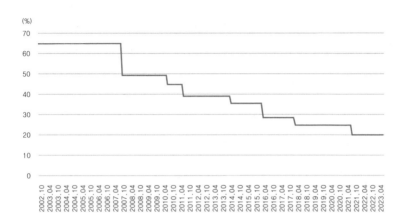

우리나라 법정 최고금리 변화 추이

(%)

자료 | 국가법령정보센터

대출이자 부담은 훨씬 더 늘어난다. 그러나 내린 금리를 다시 올리는 일은 쉽지 않은 법이다. 법정 최고금리를 인하할 때는 사람들이 좋아하지만 금리를 다시 인상한다고 하면 저항이 심하기 때문이다. 때문에 정치권은 최고금리 인상을 쉽게 결정하지 못하게 되고 이 영향은 서민들을 옥죄는 원인으로 작용한다. 금리 포퓰리즘이 위험한 이유다.

정부가 직접 나서서 금융회사의 금리를 내리라고 촉구하는 경우도 종종 있다. 2023년 1월, 윤석열 대통령은 "은행은 국방보다도 중요한 공공재적 시스템"이라며 은행의 공공적 성격을 강조했다. 이어 금융감독원은 국내 은행들의 영업행위를 '약탈적'이라고 규정하고 독과점 등

　　　　　　　　　　　　　　　　　　세상 친절한 금리수업

시장에서 우월적 지위를 활용해 서민들의 부담을 증가시키고 있다고 비판했다. 2022년 이후 실세금리가 대폭 오르면서 서민들의 고통이 심해지고 있는 것에 대해 정부가 직접 나서 은행의 공공적 성격을 강조하면서 은행들이 대출금리 인하 등 공공적 역할을 담당해달라고 압박한 것이다. 물론 은행의 공공적 역할은 강조될 수 있고 은행이 이를 담당하는 것도 바람직한 일이다. 하지만 은행의 태생을 냉정하게 생각해봐야 한다.

은행은 근본적으로 이윤 추구 집단이다. 다른 사람의 돈으로 수익을 창출하는 만큼 시장 변화에 민감하고 자기 보호적인 성격이 강한 조직인 것이다. 정부의 압박이 심해지자 한국은행이 기준금리를 인상했음에도 불구하고 시중은행들이 대출금리를 인하하여 정책금리와 대출금리가 거꾸로 가는 현상이 발생했다. 은행이 일시적인 손해를 보더라도 정부의 요구를 일단 받아들이는 모습을 보인 것이다. 하지만 정부 압박에 내린 금리는 어디서 다시 오를지 모른다. 게다가 은행이 손해 본 금리를 충당할 방법은 여러 가지다. 은행 이용 수수료를 늘려 수익을 채울 수도 있고, 금리는 낮췄지만 대출을 줄여 서민들을 다시 압박할 수도 있다. 특히 정권이 바뀌었을 때 줄여줬던 이자 부담을 다시 늘린다면 시장의 왜곡이 심해지기만 할 뿐 서민들의 부담은 줄어들지 않는다.

다른 시장경제 시스템도 마찬가지겠지만 특히 금융시장에서 정부의 포퓰리즘이 성공한 경우는 거의 없다. 금융시장은 민감하고 정부의 생각대로 통제하기에는 매우 복잡한 구조를 갖고 있기 때문이다. 정부도 금융시장을 통제하기보다는 시장의 부당한 행위를 감독하는 데 집중하는 것이 바람직하다. 하지만 보수와 진보든, 좌파와 우파든 정치권은 대부분 경제 사정이 어려울 때는 금융시장에 개입해 문제를 해결하려고 한다. 부작용이 있을 것임을 예상하면서도 시장에 개입하는 방식은 계속 반복되고 있다. 그만큼 포퓰리즘의 유혹이 달콤하기 때문이다. 특히 정치적으로 민감한 시기나 선거 때가 되면 정부의 이런 성향에 따라 금리가 시장 상황과 다른 방향으로 움직인다. 하지만 이러한 현상이 오래 지속될 수는 없다. 게다가 상황이 바뀌면 부작용은 훨씬 더 키질 수밖에 없다.

Chapter
3

금리와
경제

채권 값과
금리

채권은 돈을 빌리는 사람이 언제까지 얼마만큼의 이자와 빌린 원금을 지급할 것인지를 약속한 증서다. 다른 사람에게 돈을 빌릴 때는 보통 차용증을 쓴다. 하지만 한 사람이나 기관이 많은 사람에게서 돈을 빌릴 때 일일이 차용증을 쓰고 빌리는 것은 비효율적이다. 이러한 경우 돈을 빌리는 사람이나 기관은 자신이 얼마만큼의 이자를 주고 언제까지 빌린 돈을 갚겠다는 것을 명시한 채권을 발행해 공개한다. 이 조건을 받아들이고 돈을 빌려주겠다고 결정한 사람들은 발행된 채권을 받고 돈을 제공한다. 그리고 중간에 이자를 받기도 하고 만기 때 빌려준 돈과 이자를 한꺼번에 받기도 한다. 채권은 과거 정부나 왕실이 전쟁을 하거나 큰 국가사업을 할 때 일반인들로부터 자금을 모집하기 위해서 발행한 것이 그 시작이다. 이후 금융회사, 지방자치단체, 민간 회사 등도 채권을 발행해 자금을 조달하고 있다. 돈을 빌리고 빌려주고, 이자를 주고받는 것은 개인 간의 거래와 비슷하다.

모든 채권에는 발행금액, 만기, 이자율 등이 표시되어 있다. 이 같은 조건은 채권을 발행할 때 모두 확정되며, 시장 상황이 변한다고 해도 변하지 않는다. 채권의 종류는 이자 지급 방식에 따라 할인채, 이표채, 복리채 등으로 나뉜다. 할인채는 만기 때 채권 발행금액을 받고 인수할 때는 이자율만큼 할인해서 사는 채권이다. 예를 들어 발행금액 1억 원, 만기 1년, 이자율 10%인 할인채라고 가정하자. 이 경우 채권 인수 금액은 9,090만 원이고 1년 후 받는 금액은 1억 원이다. 대표적인 할인채로는 한국은행이 발행하는 통화안정증권이 있다. 이표채는 주기마다 이자를 받고 만기 때 마지막 이자와 원금을 받는 방식이다. 대표적인 이표채로는 정부가 발행하는 국고채가 있다. 예를 들어, 발행금액 1억 원, 이자율 10%, 만기 5년으로 1년마다 이자를 지급하는 국고채의 경우를 살펴보자. 이 채권은 1억 원을 주고 인수하면 매 1년이 지날 때마다 1,000만 원씩 이자를 받고 5년 만기 때는 1억 1,000만 원을 받게 된다. 복리채는 이자가 지급 주기별로 재투자되어 만기 때 복리이자를 받는 채권이다. 대표적인 복리채로는 국민주택채권이 있다. 예를 들어, 발행금액 1억 원, 만기 5년, 이자율 10%인 복리채를 인수하면 인수금액은 1억 원, 5년이 지난 후에는 복리로 계산된 원리금 1억 6,105만 원을 받는다.

이자 계산 방식이 조금 복잡하긴 하지만 여기까지는 개인 대출과 비슷하다. 다만 개인 대출과 크게 다른 점은 처음에 발행된 채권을 인수한 후 다시 시장에서 거래할 수 있다는 점이다. 시장 상황이 변함에 따라 채권의 유통수익률도 변화한다. 발행금리는 채권을 발행할 때 고정되어 있지만, 시장금리의 변화에 따라 유통수익률이 바뀌면서 채권 값도 매 순간 바뀌게 된다. 이 때문에 채권을 중간에 팔아 이익을 올릴 수도 있고 보유하고 있는 채권 값이 떨어져 손해를 입을 수도 있다.

채권 값이 바뀌는 과정은 이렇다. 정부가 고속도로 건설이라는 국가사업을 수행하기 위해 1년마다 이자를 지급하는 5년 만기 국고채(이표채)을 금리 연 10%에 발행했다고 가정하자. A는 이 채권을 1억 원어치 인수했다. A는 이 채권을 갖고 있으면 매년 1,000만 원씩 이자를 받고 만기에 원금 1억 1,000만 원을 받을 수 있다. 그런데 이 채권을 산 다음 2년 후 시장의 금리가 하락해 5%가 되면 어떤 일이 벌어질까? A는 이 채권을 계속 갖고 있으면 이후 3년간 매년 1,000만 원씩 이자를 받는다. 채권금리는 발행할 때 확정이 되기 때문에 이 채권을 보유하고 있으면 시장금리가 변한다고 해도 발행할 때 확정된 이자를 만기까지 계속 받을 수 있다.

그런데 시장금리가 5%로 떨어지면 이때 발행되는 국고채의 발행금리도 5%가 된다. B라는 사람이 이 채권을 1억 원어치 산다면 매년 500만 원의 이자를 받을 수 있다. 하지만 B가 새로 발행되는 채권을 사지 않고 A가 갖고 있는 만기 3년 남은 채권을 산다면 어떻게 될까? 그 채권의 금리는 연 10%이기 때문에 B는 앞으로 3년 동안 매년 1,000만 원의 이자를 받을 수 있다. 보다 구체적으로는 2년까지 1,000만 원의 이자를 받고 3년째는 1억 1,000만 원을 받는다. B의 입장에서는 새로 발행된 금리 5%짜리 채권을 사면 3년간 1,500만 원의 이자를 받지만 A의 채권을 사면 3년간 3,000만 원의 이자를 받을 수 있는 것이다.

세상 친절한 금리수업

채권 값은 금리와 반비례하는 관계에 있다. 즉, 금리가 오르면 가격이 떨어지고 금리가 떨어지면 채권 값은 오른다. 금리 변동에 따라 이익을 볼 수도 손해를 입을 수도 있는 것이 채권투자의 특징이다.

이때 A와 B는 서로 간에 거래를 할 가능성이 생긴다. B가 만약 새로 발행되는 채권을 산다면 매년 500만 원의 이자를 받고 만기까지 총 이자는 1,500만 원이다. 투자원금이 1억 원인 것을 감안하면 수익률은 15%다. 그런데 대신 만약 A가 갖고 있는 만기 3년 남은 채권을 1억 원에 인수한다면 향후 3년 동안 이자는 3,000만 원, 수익률은 30%나 된다. B의 입장에서는 A의 채권을 1억 원이 조금 넘는 돈을 주고 사더라도 새 국고채를 사는 것보다 실제 받는 금액은 훨씬 높아질 수 있다는 생각을 하게 된다. 3년 동안 매년 1,000만 원의 이자와 만기 때 1억 원을 받는 채권을 얼마를 주고 사면 수익률이 15%가 될지 계산을 해보면 대략 1억 1,304만 원 정도가 된다. 즉, A는 자신이 보유하고 있는 만기 5년, 이자율 10%인 1억 원짜리 채권을 B에게 1억 1,304만 원에 팔 수 있다. 이 금액을 주고 이자 10%인 1억 원짜리 채권을 산다면 만기 때 총 3,000만 원의 이자와 원금 1억 원을 합해 1억 3,000만 원의 원리금을 받게 되고 이 경우 수익률은 15%지만 총 이자는 1,696만 원(3,000만 원 - 1,304만 원)으로 5% 금리 채권보다 더 많은 금액을 받게 된다. 시장에서 A와 B간의 거래가 일어난다면 A는 1억 원을 투자해서 2년 만에 이자 2,000만 위과 채권 매매차익 1,304민 원을 합해서 총 3,304만 원을 벌어들인다. 2년 수익률이 33%가 넘는 것이다.

이번에는 2년 후 금리가 연 15%로 올랐다고 가정해보자. A는 전과 다름없이 매년 1,000만 원의 이자와 3년 후 1억 원의 원금을 받는다. 반면 새로 채권을 구입한 B는 매년 1,500만 원의 이자를 받고 만기 때 1억 원을 받는다. 3년의 기간을 계산하면 A의 원리금은 총 1억 3,000만 원, B의 원리금은 총 1억 4,500만 원이 된다. 3년 수익률은 A가 30%, B는 45%다. 만약 A가 보유한 채권을 사서 수익률 45%를 맞추기 위해서는 A의 채권 가격이 대략 8,966만 원 수준이 되어야 한다. 즉, 금리가 5% 올랐기 때문에 1억 원짜리 채권의 가격이 떨어지는 것이다. B가 A의 채권을 산다면 이 정도의 가격에 살 것이고, A는 이 가격에 채권을 팔아 현재 시세의 3년 만기 채권을 산다면 종전과 비슷한 수준의 수익률을 올릴 수 있다. A의 입장에서는 2년간 이자 2,000만 원을 받았지만 가지고 있던 채권 가격이 1,034만 원 정도 떨어져 2년 동안의 전체 수익률은 9.7% 수준으로 하락한다.

표면금리와 실세금리, 채권 값의 관계

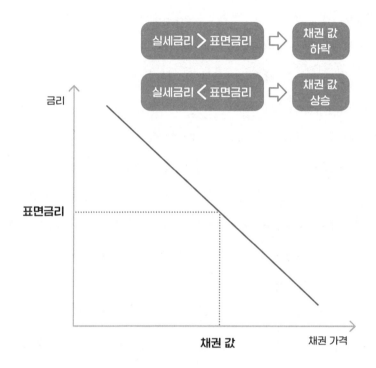

이처럼 채권 가격은 금리와 역의 관계에 있다. 금리가 오르면 채권 값은 떨어지고 금리가 하락하면 채권 값은 오른다. 채권금리는 시장금리가 바뀌더라도 발행할 때의 금리로 고정되어 있기 때문에 벌어지는 현상이다. 투자자 입장에서는 채권을 사면 일단 채권에 명시된 만기까지 확정된 이자를 받을 수 있고, 중간에 실세금리 변동이 발생한다면 갖고 있던 채권을 팔아서 차익을 얻을 수 있다. 두 가지 방법으로 수익을 올릴 수 있는 것이 채권이다.

　정부는 2021년 1월에 만기 5년, 표면금리(발행금리) 연1.25%인 국고채 1조 원을 발행했다. 이 채권은 시장에서 경매와 비슷한 금융회사들의 입찰을 통해 매매됐다. 참여자들이 이 채권의 구입 가격을 제시하고 이 중 가장 높은 가격(낮은 금리)을 제시한 사람에게 채권을 파는 방식이다. 당시 평균 낙찰금리는 연 1.35%였다. 표면금리(1.25%)보다 낙찰금리(1.35%)가 높다는 것은 이 채권이 발행가보다 낮게 판매됐다는 얘기다. 정부가 제시한 가격이 시장에서 받아들여지지 않는 것은 시장이 금리 상승(채권 값 하락)을 예상하고 있었기 때문이다. 시간이 지난후에 어떤 일이 벌어졌을까? 2023년 3월 17일 기준 5년 만기 국고채 시장금리는 연 3.373%다. 2년 전 시장금리(1.35%)보다 2%p 이상 높아졌다. 채권 값은 2년 전보다 훨씬 더 많이 떨어졌다는 얘기다. 이 채권을 2년 전에 연 1.35%에 인수한 금융회사들은 2023년 3월 시점에 그 가치가 상당히 떨어져 큰 손실을 입게 된다. 금융회사들이 이 채권을 사들인 후 각종 펀드에 넣었다면 이 펀드에 가입한 개인들도 역시 손해를 보게 된다. 채권이 고정금리를 보장해준다는 것은 언제나 만기까지 계속 들고 있을 때뿐이다. 채권 값이 시시각각 변하기 때문에 중간중간에 채권을 팔아야 되는 상황에 처하면 이익을 볼 수도 손해를 입을 수도 있다.

장단기
금리 역전

%

일반적으로 만기가 가장 짧은 채권금리는 금융회사들 간에 하루 동안 돈을 주고받을 때 사용하는 콜금리다. 하루 동안 자금을 빌리고 그 다음날 이자를 합해 원리금을 지급한다. 그 다음으로 만기가 짧은 것은 우리나라 중앙은행인 한국은행이 시중에 돈을 풀고 회수할 때 활용하는 만기 7일짜리 환매조건부채권(RP)이 있다. 환매조건부채권은 7일 후에 일정 이자를 붙여 채권을 되사는 것, 즉 환매를 목적으로 채권을 매매하는 것이다. 예를 들면 중앙은행이 보유하고 있는 국채를 7일 후에 다시 사는 것을 전제로 금융회사에 파는 것이다. 이때 적용되는 금리는 7일짜리 금리가 된다. 3개월 만기 채권으로는 은행이 정기예금에 다른 사람에게 양도할 수 있는 권리를 부여한 양도성예금증서(CD)와 기업이 자금조달을 위해 발행하는 단기 채권인 기업어음(CP) 등이 있다. 기업이 발행하는 회사채의 만기는 주로 3년, 정부가 발행하는 국고채는 만기가 1년, 3년, 5년, 10년 등으로 매우 다양하다.

장단기 금리 역전 과정

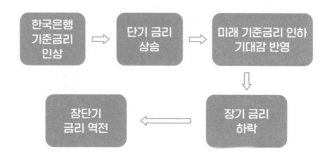

우리나라의 경우 한국은행이 발행하는 7일 만기 RP를 기본으로 자금시장에서 금리가 결정된다. 한국은행은 금융통화위원회에서 각종 경제 상황을 감안해 7일 만기 RP금리를 결정한다. 2023년 3월의 금리는 연 3.5%였다. 이렇게 금리가 결정되면 한국은행은 7일 만기 RP금리를 연 3.5%로 유지한다. RP를 시장에 팔 때 연 3.5%로 고정된 금리를 적용하고 시장에서 RP를 매입할 때는 이 금리가 한은의 최저입찰금리로 활용된다. 한국은행이 이 금리에 맞춰서 시중의 채권을 사들이면 채권은 한은으로 유입되고 자금은 시중에 공급된다. 반대로 채권을 팔면 시중의 자금을 흡수하고 채권이 시장으로 유통된다. 한은이 만약 금리를 연 3.75%로 0.25%p 올리기로 결정한다면 한은은 종전보다 RP를 더 싸게 시장에 팔고 사게 된다. RP값이 떨어지면(금리 상승) 한은에 채권을 팔려고 하는 사람은 줄어들고 채권을 사려고 하는 사람은 늘어난다. 한은에서 채권을 사는 사람들이 파는 사람들보다 많아지면 시중 자금은 한은으로 들어오고 시장에 유통되는 채권 물량은 늘어나는 효과가 있다. 반대로 금리를 연 3.25%로 0.25%p 내리면 한은은 이전보다 RP를 더 비싼 값에 팔고 사게 된다. 그렇다면 한은에 채권을 팔려고 하는 사람들이 사려고 하는 사람보다 늘어난다. 채권을 팔려는 사람이 늘어나면 시중의 채권은 한은으로 유입되고 돈은 시장으로 흘러 들어간다.

이처럼 한은이 정책적으로 RP금리 수준을 정하고 이 금리 수준에서 발권력을 동원해 채권을 시장에서 사고파는 방식으로 시중의 통화량을 조절할 수 있게 된다. 즉, 금리를 올리면 시중의 통화량은 줄어들고 금리를 내리면 시중의 통화량은 늘어난다. 실제 우리나라는 2019년 7월부터 한국은행이 기준금리를 연 1.75%에서 연 1.5%로 내린 것을 시작으로 2021년 7월까지 금리를 0.5%까지 낮췄다. 이때 총통화(M2)를 기준으로 한 통화량 증가율은 6%대(전년 동월대비 기준)에서 12%대까지 큰 폭으로 올랐다. 총통화란 시중에 있는 현금과 요구불 예금, 저축성예금 등을 합한 것이다. 이후 2021년 8월부터 기준금리를 올리기 시작해 2023년 3월에는 기준금리가 연 3.5%까지 올랐다. 금리 인상이 이루어지면서 통화량 증가율은 2022년 12월에 3.5%까지 떨어졌다.

7일짜리 단기 금리가 정책적으로 결정이 되면 나머지 금리도 이에 영향을 받아 결정된다. 일반적으로 만기가 길수록 금리가 올라가는 것이 보통이다. 1년 만기 금리는 3개월 금리보다 높고 3년 만기 금리는 1년 만기 금리보다 높다. 금리가 시간선호에 대한 대가이고 만기가 길어질수록 불확실성도 커지면서 발생하는 현상이다. 하지만 때론 자금

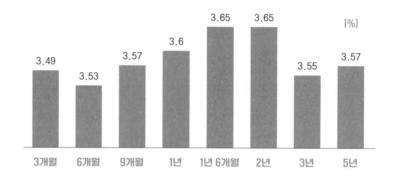

만기별 국고채 금리

3.49 3.53 3.57 3.6 3.65 3.65 3.55 3.57 [%]

3개월 6개월 9개월 1년 1년 6개월 2년 3년 5년

자료 | 한국신용평가(2023.2.24)

시장의 상황에 따라 이상 현상이 발생하기도 한다. 2023년 2월 24일 우리나라의 금리 상황을 살펴보면 1년 만기 국고채 금리는 연 3.6%, 2년 만기는 연 3.65%를 기록했다. 2년 만기 채권금리가 1년 만기보다 0.05%p 높은 것이다. 여기까지는 그럴듯하다. 그런데 3년 만기 국고채 금리는 연 3.55%로 1년 만기 국고채 금리보다 0.05%p 낮고 2년 만기 국고채보다는 0.1%p나 낮다. 5년 만기 국고채 금리는 연 3.57%, 10년 만기 국고채 금리는 연 3.53%로 만기가 2년보다 길어질수록 금리가 낮아진다. 장기 금리가 단기 금리보다 낮은 것이 정상적인 상황은 아니지만 통화정책에 대한 시장의 예상치가 반영될 경우에는 이러한 현상이 발생할 수 있다.

▍미국보다 한국 채권금리가 낮아진 이유

앞에서 살펴봤듯이 명목금리는 시간선호도를 반영한 실질금리에 예상 물가상승률을 더한 값이다. 여기에 정책 변화에 따른 기준금리 인하 효과까지 감안해야 한다. 만기가 2년인 국고채 금리가 1년인 경우보다 높은 것은 예상 물가상승률이 비슷하고 정책 변화에 따른 효과가 거의 없다고 봤을 때 시간선호에 따른 실질금리가 높기 때문이다. 그런데 만기가 3년 이상으로 길어지면 사람들은 이 기간 중에 기준금리의 변동이 이루어질 것으로 기대한다. 즉, 시간선호에 따른 실질금리는 만기가 길어질수록 높아지지만 시간이 지나면서 한국은행이 기준금리를 내릴 것으로 예상하게 된다면 장기 금리가 낮아질 수 있다. 정책금리 인하에 따른 효과가 시간선호에 따른 금리 상승 효과를 상쇄한다면 만기가 3년으로 길어지더라도 금리가 낮아질 수 있는 것이다. 만기가 5년, 10년으로 길어질 때 금리가 낮아지는 현상도 비슷한 논리로 설명할 수 있다. 여기서 말하는 채권금리는 시장의 유통수익률이다. 발행금리는 고정되어 있지만 시장의 유통수익률은 이러한 기대를 반영해 시시각각 움직인다.

미국에서도 상황은 비슷하다. 비슷한 시기 미국도 만기가 2년 이상 길어질수록 금리가 떨어지는 현상이 나타났다. 미국도 마찬가지로 물가상승률이 떨어지고 연방준비제도가 2024년 초반에는 금리를 낮출 것이라는 시장의 기대가 반영되면서 만기가 길어질수록 금리가 낮아지는 현상이 발생한 것이다. 중간에 기준금리가 내려갈 것으로 예상하는 것은 경기 침체가 심해져 중앙은행이 금리를 낮춰 경기 부양에 나설 것으로 예상하기 때문이다. 이 때문에 장단기 금리차가 확대되는 것은 경기 침체를 예고하는 지표로도 활용된다.

금리에 영향을 미치는 또 다른 요인으로는 채권을 발행하는 기업이나 국가의 신용도 변동이 있다. 채권은 기본적으로 일정 기간 후에 빌린 돈을 갚겠다는 약속을 하는 증서다. 만약 빌린 돈이나 이자를 갚지 못하게 된다면 채권의 가치는 상당히 떨어지게 된다. 이 때문에 채권을 발행할 때는 국가나 기업 모두 특정 기관에서 신용평가를 받도록 하고 있다. 신용도가 좋은 국가는 그렇지 못한 국가에 비해 채권금리가 낮은 것이 정상적이다. 마찬가지로 신용도가 높은 기업이 발행한 채권

미국 정부가 발행한 액면가 1만 달러짜리 미국 재무부 채권. 만기와 이자율이 명기되어 있다.

세상 친절한 금리수업

금리는 신용도가 낮은 기업이 발행한 채권금리보다 낮다.

국제신용평가기관 무디스Moody's의 평가에 따르면 미국의 신용등급은 우리나라보다 높다. 그러므로 미국의 채권금리가 우리나라보다 낮은 것이 일반적이다. 그런데 2023년 2월 28일 현재 미국의 10년 만기 국고채 금리는 연 3.934%이고 우리나라의 10년 만기 국고채 금리는 연 3.751%를 기록했다. 미국 국고채 금리가 우리나라보다 0.138%p 높은 것이다. 국가신용도를 반영한다면 미국의 국고채 금리는 우리나라보다 낮아야 하지만 현실은 그렇지 않은 것이다. 이는 양국의 금리정책과 관련이 깊다. 미국 중앙은행이 빠른 속도로 기준금리를 올린 반면 우리나라는 그 속도를 따라가지 못하면서 발생한 현상이다. 이런 현상은 오래 지속될 수 없다. 결국 시간이 지나면 미국 채권에 대한 수요는 늘어나고 우리나라 채권에 대한 수요는 줄어들어 우리나라 채권 금리가 미국보다 다소 높아지게 되는 것이다.

신용도는 물론 시간선호도나 예상 물가상승률, 중앙은행의 정책 변화에 대한 시장의 예상은 시시각각 바뀐다. 이런 예상이 바뀌면서 시장에서 금리가 출렁거리는 것이다. 아울러 자금을 빌리는 사람과 빌려주는 사람 사이의 생각이 차이가 나더라도 시장에서 자금의 수요와 공급에 영향을 받게 되고 이런 요소도 시장금리를 움직이게 만드는 요인이다. 따라서 매번 금리가 움직일 때 어떤 요소에 따라 움직이는지를 일일이 살펴보는 습관을 들이도록 하자.

경기변동과
금리

%

금리는 경기변동과 밀접한 관련을 갖는다. 경기변동과 금리와의 관계를 이해하려면 경기변동에 따른 기업과 개인의 자금 수요를 살펴봐야 한다. 경기가 저점에 가까워 오면 사람들은 앞으로 경기가 회복될 것이라고 예상한다. 이때 기업들은 미래의 성장을 기대하고 투자를 늘리고, 투자가 늘어나면 자금에 대한 수요도 함께 늘어난다. 경기가 저점을 형성할 때는 사람들의 여유자금이 넉넉하지 않다. 이 경우 자금에 대한 수요가 공급을 초과하는 현상이 벌어지기 때문에 금리는 올라가는 경향이 있다. 반대로 경기가 정점에서 하강할 때 기업들은 투자를 줄여 경기 하강에 대비하고자 한다. 경기 정점에서 사람들의 여유자금은 비교적 풍부한 편이다. 이때는 자금의 수요보다 공급이 많아 금리는 내려가는 경향이 있다. 이 같은 금리와 경기변동 사이의 관계를 보다 정확히 말하자면 경기변동은 경제 내에서 스스로 일어나는 현상이고 이에 따라 자금의 수요와 공급이 영향을 받게 되고 다시 금리에 반영되는 식이다. 즉, 경기변동은 금리변동으로 이어진다고 볼 수 있다(경기변동 → 금리변동). 하지만 금리가 경기에 영향을 미치는 반대의 인과관계도 존재한다(금리변동 → 경기변동). 이번 장에서는 먼저 경기변동이 어떻게 발생하고 이것이 금리에 어떤 영향을 미치는지를 살펴본 후, 금리의 변화가 경기에 어떤 영향을 미치는지도 살펴본다.

미국 경제학계에서 가장 많이 거론되는 경기변동 이론은 실물경기 변동이론real business cycle이다. 이 이론은 화폐나 금리를 제외한 사람들의 행동과 갑작스러운 상황 변화가 경기를 어떻게 변동시키는지를 설명하는 이론이다. 사람들은 누구나 일생 동안 소비를 통해 만족을 극대화할 수 있는 계획을 만든다. 사람들에게는 나름대로 미래소득을 예측하고 경제 상황 변화도 전망할 수 있는 능력이 있다. 이런 각자의 예상에 맞춰 밥을 먹고 옷을 구매하는 등 자신이 효용을 느낄 수 있는 소비 계획을 정교하게 짠다. 이런 개인들이 모여서 소비 경제를 이룬다. 생산을 계획하는 기업들도 경제를 진단하고 예측함으로써 이익을 극대화할 수 있는 행동을 한다. 기업들은 건물을 짓고 기계를 사는 등의 투자를 통해 물건을 만들고 팔아서 이익을 올린다. 이렇듯 개인과 기업들이 어우러져 민간경제를 형성한다.

그러나 경제는 평탄하게만 흘러가지 않는다. 천재지변이 일어날 수도 있고 전쟁이 터질 수도 있다. 또는 획기적인 기술이 발명될 수도 있다. 이 같은 경제적인 충격이 발생하면 경제주체들의 투자와 소비 계획에도 변동이 일어난다. 예를 들어, 획기적인 기술을 개발한 기업은 물건의 생산량을 단기간에 대폭 늘릴 수 있게 된다. 경제 내에 물건의 양이 증가하면 사람들의 소비도 늘어난다. 그리고 이 기술 개발을 통해 생산이 계속 늘어날 것으로 예상된다면 사람들의 미래 소비 계획도 바뀐다. 이 경우 생산과 소비가 늘어나면서 경기는 호황 국면에 진입한다.

한동안 호황 국면에 접어들던 경제는 어느 순간 기술 개발 효과가 감소하게 된다. 사람들은 기술 개발에 따른 생산과 소비를 충분히 늘렸다. 그렇다면 그 다음 해에는 기술 개발 초창기만큼 생산을 늘릴 필요가 없게 되고 이 과정에서 급등했던 성장률은 차츰 하락한다. 이 과정이 이어지면 경기는 하강 국면에 접어들어 성장률 또한 계속 떨어진다. 그러다 경기가 저점을 찍으면, 사람들은 다시 소비와 생산을 늘린다.

한편, 코로나19처럼 전 세계적으로 갑자기 전염병이 심하게 돌 때도 있다. 이때 사람들의 경제활동은 큰 타격을 입게 되고 이는 소비의 대대적인 감소를 불러온다. 제품은 팔리지 않고 재고가 늘어난다. 성장률은 떨어지고 성장률이 충분히 떨어졌다고 생각될 때 사람들은 다시 소비와 투자를 조금씩 늘린다. 코로나19로 인해 전 세계가 일제히 경기 침체를 겪었다가 다시 반등하는 상황이 이를 보여준다. 이렇듯 경기순환은 평탄한 경제에 어떤 충격이 발생하면 경제주체들이 충격에 적응하는 과정에서 생산과 소비가 변화하면서 발생한다.

경기가 정점에서 출발해 하강기를 거쳐 저점을 형성한 후 다시 상승기를 거쳐 정점까지 올라오는 것을 한 주기라고 한다. 경기순환은 단기적으로도 주기를 형성하지만 조금 더 장기적인 주기를 형성하는 경우도 있다. 영국의 경제학자 조셉 키친은 약 4년 정도의 단기 파동을 설명한 반면 프랑스 경제학자 클레멘트 주글라는 10년 주기의 중기 파동을 주장했다. 20년 주기의 쿠즈네츠 파동, 50년 주기의 콘트라티에프 파동도 유명하다. 단기적인 경기순환은 주로 정부의 정책과 관련해 발생하고 중기 파동은 기업의 투자와 재고 등을 통해서 유발된다. 장기 파동은 산업혁명과 같은 보다 근본적이고 혁신적인 요인에 의해 만들어진다. 경기는 단기적으로 정점에 있으면서도 중장기적으로는 저점에 있을 수 있고 단기적으로 저점에 있으면서도 중장기적으로는 고점에 있을 수도 있다.

이처럼 경기가 하강에서 상승 국면으로 진입할 때는 금리가 올라가고 정점에서 하강할 때는 금리가 내려간다. 경기변동은 금리는 물론 주식·부동산 등 다른 시장에도 큰 영향을 미치기 때문에 항상 그 흐름을 예의주시해야 한다.

금리와 경기순환 사이클

정부 재정정책과
금리

시장금리에 영향을 미치는 요소에는 여러 가지가 있는데 그중 하나가 바로 정부 정책이다. 정부가 실시하는 가장 대표적인 정책은 재정정책이다. 재정정책은 정부가 예산을 통해서 필요한 곳에 돈을 지원하는 정책이다. 2023년에도 우리나라 정부는 총 638조 7,000억 원의 예산을 집행한다. 이 예산으로 정부는 국가의 기간시설을 만들고 각종 연구개발(R&D)에 투자하기도 한다. 또 각종 사회보장제도를 통해 가난하고 소외된 사람들을 지원한다. 이때 국가가 집행하는 예산은 국민들로부터 세금을 걷어 충당한다. 그래도 모자라면 국가가 채권을 발행해서 이를 조달한다. 중요한 것은 정부는 스스로 돈을 버는 곳이 아니라는 점이다. 정부는 세금을 걷거나 국채를 발행해 자금을 마련하고 이를 국민들을 위해서 쓸 수 있는 권한을 부여받았다. 개인이나 기업들이 수행하기 힘든 큰 사업을 할 때는 정부라는 큰 조직이 맡는 것이 바람직하다고 판단했기 때문이다.

정부 정책이 금리에 큰 영향을 미치는 경우는 정부가 국채를 발행해 돈을 쓸 때다. 정부가 필요한 자금을 조달하기 위해 국채를 발행하면 시장에는 국채의 물량이 늘어난다. 국채 물량이 늘어나면 국채 값은 떨어지고 국채 금리는 오른다. 국채 금리는 많은 국가에서 채권시장의 지표금리로 활용되는데, 어느 나라나 국채는 채권 중에서 위험도가 가장 낮다. 이 때문에 만기가 같은 채권 중에서는 국채의 금리가 가장 낮다. 국채 금리가 오르면 각종 회사채나 공기업들이 발행하는 채권인 공사채, 금융회사가 발행하는 금융채 등 각종 채권금리가 동반 상승한다. 이 경우 기업들은 더 높은 이자를 지급해서 자금을 조달해야 하고 개인들도 금융회사에서 돈을 빌릴 때 더 많은 대출금리를 부담해야 한다.

　　경제가 어려울수록 정부가 할 일은 많아진다. 코로나19로 경제 위기가 닥치자 우리나라나 미국 정부는 막대한 규모의 국채를 발행해 정부 지출을 늘렸다. 정치적 목적으로 정부 지출을 늘리는 경우도 있다. 선거가 다가오거나 국민들의 환심을 살 필요가 있을 때는 정부 지출을 대거 늘리는 경향을 보이는데, 이는 시장의 금리 상승을 유발한다. 이 때문에 정부가 돈을 쓸 때는 반드시 그 이유를 설명하고 개인이나 기업보다 더 잘 쓸 수 있다는 점을 입증해야 한다. 또한 국민들은 국회를 통해 정부가 제대로 돈을 쓰고 있는지를 감시해야 한다.

　　인플레이션을 통해 시장금리를 올리는 정부 정책이 시행되는 경우도 있다. 정부가 세금을 걷거나 국채를 발행해 필요한 자금을 조달하는 것이 절차적으로 복잡하고 어려울 때는 중앙은행으로 눈을 돌리게 된다. 중앙은행의 발권력을 동원해 필요한 자금을 마련하는 것이다. 중앙은행은 유일하게 돈을 찍어낼 수 있는 기관이다. 이러한 중앙은행의 발권력은 정부 입장에서는 매우 매력적인 '돈주머니'처럼 보일 수 있다. 필요할 때마다 꺼내 쓰고 싶은 유혹이 생기는 것이다. 중앙은행은 금융시장에서는 황제와 같은 존재지만 정부와의 관계에서는 고양이 앞에 쥐처럼 나약할 때가 있다. 그럴 때면 정부가 중앙은행을 통해 돈을 찍어내고 싶은 유혹이 더 커진다.

정부가 발권력을 동원해 필요한 돈을 확보하는 과정은 이렇다. 정부가 국채를 발행하고 중앙은행이 이를 인수하는 방식이다. 정부가 발행한 채권을 중앙은행이 사들이게 되면 채권시장에서는 수요와 공급이 동시에 늘어난다. 이 경우 채권금리는 거의 움직이지 않는다. 대신 중앙은행이 정부가 발행한 채권을 인수하면서 정부에 지급한 돈으로 정부

정부 자금조달 방식과 효과

세상 친절한 금리수업

는 각종 국책사업을 진행하고, 이 돈은 경제 내부로 흡수된다. 그렇게 되면 통화량이 증가하게 되고, 통화량이 증가하면 물가 상승(인플레이션)으로 이어진다.

일반적으로 정부가 국채를 발행하고 자금을 집행하면 어떤 일이 벌어질까? 물가가 통화량이 증가하는 속도와 정확히 같은 속도로 오른다면 통화량을 늘림으로써 얻을 수 있는 실익은 없을 것이다. 하지만 대부분의 경제에서 통화량은 즉각적으로 시중에 유통되지만 물가는 시간을 두고 오른다. 예를 들어, 코로나19로 경제가 어려웠을 때를 살펴보자. 정부와 한국은행은 2021년 1월부터 재정지출을 늘리고 금리를 낮추면서 본격적으로 돈을 풀기 시작했다. 하지만 2021년 9월까지 소비자물가상승률은 2%대로 비교적 안정적인 모습을 보였다. 돈 풀기의 효과는 2021년 10월부터 본격적으로 나타나기 시작했다. 통화량을 본격적으로 늘린 지 10개월 정도 지나서 물가가 상승하기 시작한 것이다. 물가가 오르면 사람들의 기대 물가상승률도 높아지고 이는 다시 명목금리를 올리는 원인으로 작용한다.

▌정부와 중앙은행의 관계

각국 정부는 통화가치의 안정을 위해 중앙은행이 정부 정책과 독립적으로 움직일 것을 법이나 제도로 보장하고 있다. 하지만 막상 정책을 펼치다 보면 말과 행동이 다른 경우가 자주 발생한다. 2011년 노벨경제학상을 받은 토머스 사전트 미국 뉴욕대학교 교수는 정부와 중앙은행의 관계를 한 주머니를 서로 나눠 갖고 있는 두 기관으로 묘사했다.

두 기관의 의사 결정은 서로 긴밀하게 연결되어 있다. 앞서 설명했듯이 정부가 쓸 수 있는 돈은 세금이나 국채 발행을 통해 조달한다. 정부가 매년 발표하는 예산안에는 이런 계획이 담겨 있다. 중앙은행도 나름대로의 통화정책 방향을 독립적으로 정한다. 이 같은 정부와 중앙은행의 정책이 조화를 이룰 때는 별 문제가 없다. 하지만 정부가 갑자기 거둬들인 세금보다 훨씬 많은 재정지출을 한다면 어떻게 될까? 정부가 한없이 적자를 볼 수는 없다. 이때 중앙은행은 발권력을 동원해 돈을 찍어내고 이 돈으로 정부가 발행한 국채를 인수하고 부족한 세금을 메운다. 이 과정에서 통화량은 늘어난다. 공동으로 돈을 모아쓰는 부부의 경우 남편이 카드를 무분별하게 긁으면 아내가 열심히 벌어 카드 값을 메꿔

우리나라의 기준금리와 통화량 증가율

자료 | 한국은행

세상 친절한 금리수업

중앙은행은 정부의 요청에 따라 발권력을 발동하기도 한다. 코로나 시기에 정부 지출이 급격히 늘어나자 한국은행의 본원통화 증가율은 연평균 11.5%까지 치솟았다.

야 하는 것과 비슷하다.

　우리 정부도 그동안 한은의 발권력을 자주 활용해왔다. 2017~2020년에 정부 재정지출 증가율은 연평균 9.4%에 달한다. 코로나19 사태로 시중에 돈이 급격하게 풀리면서 2020년 정부 재정지출 증가율은 13.4%로 더 높아졌다. 반면 국세를 기준으로 한 세금 증가율은 평균 4.3% 정도다. 경제가 어려울 때는 세금이 덜 걷히고 정부 지출은 늘어난다. 같은 기간 한은이 찍어내는 본원통화 증가율은 연평균 11.5%에 달한다. 본원통화는 한국은행이 시중에 공급한 돈의 양을 말한다. 한은이 돈을 공급하면 이 돈을 은행들이 대출에 활용하기 때문에 실제 통화량은 한은이 공급한 통화량보다 훨씬 많게 된다. 정부가 지출을 늘리자 세금으로 충당하지 못한 부분을 한은이 돈을 찍어내 메운 셈이다. 정부가 앞뒤 가리지 않고 막대한 지출을 할 수 있는 것도 이처럼 여차하면 한은이라는 발권력을 동원할 수 있다는 생각 때문이다. 일단 돈을 쓸 만큼 충분히 쓰고 청구서를 한은에 내밀면 한은은 이에 맞춰 돈을 찍어내 메워준다. 하지만 세상에 공짜는 없다. 한은이 돈을 찍어내 물가가 오르면 국민의 실질소득은 떨어진다. 월급이 100만 원인데 물가가 5% 오르면 내가 무언가를 살 수 있는 구매력이 5%만큼 줄어들어 실질임금은 약 95만 원 정도로 감소하게 된다. 결국 현재 정부가 재정지출을 늘리면 이는 다음 세대에게 세금 인상과 함께 물가 상승 부담까지 떠넘기는 것이다. 물가 상승에 대한 국민 부담 증가를 '인플레이션 세금'이라고 부르는 이유다.

그렇다면 중앙은행은 항상 정부에 끌려다녀야만 할까? 아니다. 중앙은행이 정부를 이끌 수도 있다. 예를 들어, 중앙은행이 먼저 나서서 금리를 올리거나 통화량을 줄이고 이를 반드시 관철시키겠다는 의지하에 배수진을 치면 상황은 달라질 수 있다. 이때 정부는 줄어든 통화량을 전제로 재정을 구성해야 하기 때문에 씀씀이를 줄여야만 한다. 중앙은행이 선제적으로 통화정책 수준을 정하면 정부는 이를 전제로 예산을 편성하는 구조인 것이다.

사전트는 중앙은행과 정부는 먼저 움직이는 기관의 정책을 다른 기관이 뒷받침해줄 수밖에 없는 상황을 논리적으로 잘 묘사했다. 1979년부터 1987년까지 미국 연준을 지휘하며 '인플레이션 파이터'로 명성이 높았던 폴 볼커 전 연방준비제도이사회(FRB) 의장은 강한 카리스마로 통화량을 선제적으로 관리해 물가를 잡았다. 중앙은행이 먼저 움직이고 그 신호가 확실하면 정부가 무분별하게 재정지출을 늘리지 못한다는 점을 보여준 사례다. 반면 벤 버냉키 전 연준 의장은 2008년 금융위기로 초토화된 경제를 살리기 위해 정부가 재정지출을 확대하자 천문학적인 돈을 푸는 양적완화(QE) 정책으로 화답했다.

우리나라는 어떨까? 한국은행의 최고의사결정기관은 금융통화위원회다. 1950년 창설 이후 1997년 국제통화기금(IMF) 외환위기가 발생할 때까지 금통위 의장은 당시 재무부(또는 재정경제원) 장관이 맡았다. 정부 부처 장관이 의장인 금통위가 정부 정책과 독립적으로 운영되는 것은 사실상 불가능한 일이다. 그러나 IMF 이후 1998년부터 한은 총재가 금통위 의장을 맡고 재무부 장관이 금통위에 참여하지 못하도록 함으로써 형식적인 독립성은 유지하는 쪽으로 법이 개편됐다. 하지만 아직까지도 정부의 입김으로부터 자유롭지 못하다는 비판은 계속 제기되고 있다. 기준금리정책에 정부의 입김이 상대적으로 많이 들어가면서 "금리를 올리기는 어렵고 내리기는 쉽다"는 이야기도 나오고 있다. 어찌됐건 정부가 재정지출을 늘리면 두 가지 경로를 통해 금리는 올라간다. 하나는 채권 물량이 시중에 풀려 채권금리를 올리는 것이고 다른 하나는 중앙은행이 통화량을 늘려 기대 물가상승률을 높임으로써 금리가 올라가는 것이다.

통화정책과
금리

%

평균 구속이 시속 140킬로미터 정도인 투수가 있다. 그런데 어느 시즌
에는 구속이 시속 130킬로미터를 기록했다. 자신이 발휘할 수 있는 실
력에 비해 느려진 것이다. 이 투수가 당장 할 일은 구속을 평상시만큼
끌어올리는 것이다. 그는 보약도 먹고 체력훈련도 평소보다 한층 강화
한다. 그렇게 노력하여 구속이 시속 140킬로미터까지 올라가면 자기
실력을 발휘할 수 있게 된다. 또한 어느 시즌에는 구속이 시속 150킬로
미터를 기록했다. 공이 빨라졌다고 마냥 좋아할 일은 아니다. 실력이 늘
지 않았는데 무리하여 속도를 높인 것이라면 한두 시즌이 지나면 어깨
가 망가질 것이다. 그렇게 되면 실력은 곤두박질치고 선수 생명도 위협
받는다. 이럴 때는 오히려 힘을 빼는 훈련을 해야 한다. 이처럼 투수들
은 평균 구속을 유지하면서 점진적으로 속도를 높여나가야 한다. 그래
야 선수 생명도 길어지고 전체적으로 좋은 성적을 낼 수 있다.

경제도 비슷하다. 매년 3% 정도 성장하는 경제가 어느 해에 1%대

성장에 그쳤다면 뭔가 문제가 있는 것이다. 이때 정부와 중앙은행은 성장률을 1%p 이상 끌어올리기 위한 경제정책을 펼친다. 정부가 재정을 투입하거나 중앙은행이 돈을 푸는 방식으로 경기를 인위적으로 띄울 수 있다. 경기를 띄울 때는 기업의 투자비용을 낮춰주기 위해 금리를 내린다. 이 경우 기업들이 투자할 때 드는 비용이 줄어들어 투자를 늘릴 수 있는 유인이 된다.

어느 해에는 경제가 연 5% 성장을 했다. 그러나 마냥 좋아할 일은 아니다. 경제 기초체력보다 과하게 높은 성장률은 경기 과열과 물가 상승이라는 부작용을 낳는다. 평소 실력보다 과도한 성장을 추구하는 것은 운동선수가 매번 스테로이드 주사를 맞고 시합에 나가는 것과 비슷하다. 이때 정부와 중앙은행은 돈줄을 죄서 성장률을 평균 수준까지 끌어내리는 것이 장기적으로 국가 경제에 도움이 된다. 돈줄을 죈다는 것은 금리를 올려 투자와 소비를 억제하도록 만드는 것이다. 정부와 중앙은행이 금리정책을 통해 경제에 개입할 때는 '금리변동 → 경기변동'의 인과관계가 작용한다. 즉, 정부가 먼저 금리를 움직이고 이 결과로 경기가 영향을 받는 방식이다. 두 가지 인과관계가 맞물려가면서 금리변동과 경기변동은 상호작용을 하게 된다.

그럼 실제 경제정책은 어떻게 수행될까? 경제 기초체력은 잠재적 국내총생산(GDP)으로 평가된다. 잠재 GDP는 한 경제의 물적·인적 자원을 총동원해 물가 상승의 압력 없이 달성할 수 있는 생산 가치를 말한다. 잠재 GDP는 실제 GDP와 같을 수도 있고 다를 수도 있다. 잠재 GDP가 실제 GDP보다 높다면 경제는 자원을 효율적으로 이용하고

GDP 갭률 정의

$$\text{GDP 갭률 [\%]} = \frac{\text{실제 GDP} - \text{잠재 GDP}}{\text{잠재 GDP}} \times 100$$

있지 못한 것이고, 이와 반대라면 경제는 과열 상태인 것이다. 경제 상황을 진단하는 지표로 실제 GDP에서 잠재 GDP를 뺀 다음 이를 잠재 GDP로 나눈 GDP 갭률이 활용된다. GDP 갭률이 크다는 것은 경제가 정상궤도에서 많이 벗어나 있어 정부 정책이 개입해 정상화시킬 필요가 있다는 것을 의미한다. 국제통화기금이 측정한 GDP 갭률을 활용해 코로나19 충격을 전후한 각국의 경제 상황과 이들 나라가 취한 경제정책을 살펴보면 몇 가지 중요한 점을 확인할 수 있다.

먼저 미국을 보자. IMF 데이터에 따르면 2018년 미국의 GDP 갭률은 0.021%로 집계됐다. 두 지표 간 차이가 거의 없다. 이 비율은 2019년에 0.673%로 올라간다. 이는 1만 개의 물건을 만들 수 있는 실력을 갖춘 미국 경제가 2019년에는 1만 67개를 만들었다는 이야기다. 경제 기초실력보다 물건을 더 만든 것이어서 경제는 과열 징후를 보인다고 할 수 있다. 과열을 진정시켜야 할 즈음 미국 경제는 코로나19로 직격탄을 맞아 2020년에는 GDP 갭 비율이 -2.508%로 뚝 떨어진다. 코로나19의 여파로 소비가 줄고 이에 따라 생산도 줄어들면서 1만 개 만들수 있는 실력의 경제가 9,749개밖에 못 만들게 된 것이다. 시속 140킬로미터를 던지던 투수가 시속 100킬로미터의 속도도 못 내는 것과 비슷한 충격이다. 미국은 이 시기 기준금리를 연 1.75%에서 0.25%까지 1.5%p나 내렸다. 경제에 보약을 준 것은 물론 스테로이드 주사까지 맞춘 셈이다. 그러자 경제가 힘을 발휘했다. 2021년 미국의 GDP 갭률은 1.466%로 반전됐다. 정부 정책으로 미국 경제는 기초 실력보다 훨씬 많은 물건을 만들어내고 통화량이 늘어나면서 사람들이 이 돈으로 생산과 소비를 늘려 경기는 다시 과열 국면에 접어들었다.

통화량이 늘어나면 두 가지 경로로 물가 상승을 유발한다. 하나는 직접적으로 통화량이 물가 상승으로 이어지는 것이고 다른 하나는 소비와 생산을 늘려 경기를 과도하게 띄움으로써 생산보다 수요가 많아져 물가가 오르는 것이다. 미국 경제도 코로나19로 침체된 경제를 돈을 풀어 띄우는 과정에서 경기는 다시 과열 국면에 접어들었고 이는 물가 상승을 불러왔다. 2021년 초 1%대에 불과했던 미국 소비자물가 상승률이 2021년 말에는 7%까지 뛰어올랐다. 코로나19로 미국 정부가 재정과 금융을 통해 막대하게 돈을 푼 것이 부메랑으로 돌아온 것이다. 경제가 과열되고 물가가 오르니 기준금리를 올려 돈줄을 죄는 것은 당연한 수순이다. 2021년부터 금리를 점진적으로 올리는 것이 바람직한 정책이었지만 미국은 이 시기에 금리를 인상하지 않아 정책이 실기했다는 비판을 받았다. 그러자 미국은 2022년에 급속히 금리를 인상했고 미국의 2022년 GDP 갭률은 1.377%로 소폭 줄어들었다. 금리의 빠른 인상에도 불구하고 경기는 별로 위축되지 않았다. 금리 인상 여파는 2023년까지 영향을 미친다. IMF가 전망한 2023년 미국의 GDP 갭률은 0.872%다. 금리 인상에도 여전히 잠재GDP보다 많은 양의 물건을 만들어내고 있는 것이다. 2024년은 되어야 미국의 GDP갭률이 -0.081%로 내려가 금리 인상으로 경기가 위축될 것으로 전망됐다. 경기가 위축되는 시점이 2024년으로 예상된다는 것은 미국이 고금리 기조를 2024년까지 유지할 것이라는 예측을 가능하게 해준다. GDP 갭률이 마이너스일 때는 금리를 내리고 이 비율이 플러스일 때는 금리를 올려 경기를 조절하는 것은 자연스러운 경제정책의 수순이다.

우리나라의 상황은 미국과 사뭇 다르다. 우리나라의 2018년 GDP

한국과 미국의 기준 금리

자료 | 한국은행

세상 친절한 금리수업

갭률은 -0.316%였다. 잠재 성장률보다 실력을 발휘하지 못하고 있는 상태였다. 이때 한국은행은 기준금리를 0.25%p 올렸다. 경제 기초체력보다 성과가 나오지 않으면 '금리 인하'라는 스테로이드 주사를 일시적으로 맞는 것이 일반적인 해결책인데 우리나라는 오히려 경제의 힘을 더 빼는 처방을 했다. 그러자 다음 해인 2019년에는 GDP 갭률이 -0.701%로 더 떨어진다. 그제야 한국은행은 기준금리를 0.5%p 낮춰 경기 둔화에 대응하는 모양새를 취했다. 하지만 2020년 코로나19가 본격화하자 정책 처방은 무용지물이 됐다. 그해 GDP 갭률은 -2.643%로 한층 더 급락했다. 이후 2020년에 한국은행은 금리를 0.75%p 더 낮췄다. 코로나19 충격에 대응해 금리를 낮춘 것은 우리나라와 미국이 유사하다. 문제는 그 다음이다. 우리나라는 금리를 낮췄음에도 경기가 살아나지 않아 2021년 GDP 갭률은 -0.528%를 기록했고, 2022년에는 -0.1%를 기록한 것으로 파악되었다. 여전히 기초체력만큼의 성과를 내지 못하고 있는 것이다.

하지만 우리나라는 2021년 한 해 동안 기준금리를 0.5%p 올렸고 2022년에도 2.25%p나 인상했다. 미국이 기준금리를 급속히 올리자 자본 유출과 환율 방어를 위해 금리를 올리지 않을 수 없는 상황이 된 것이다. 그러다 보니 GDP 갭률은 만성적으로 마이너스를 기록 중이다. 2023년에는 경기 부진에 금리 인상에 따른 효과까지 맞물려 GDP 갭률이 -0.78% 정도로 더 커질 것으로 예상된다. 경제가 비실비실한데 금리 인상으로 힘을 더 빼는 처방을 했으니 2023년에는 경기 침체가 더 심해질 것이다. GDP 갭률은 만성적인 마이너스를 기록하고 있지만 우리나라는 미국처럼 스테로이드 주사를 맞힐 수 없는 상황이 상당 기간 지속될 것으로 보인다. 2024년에도 GDP갭률은 -0.548%를 기록할 것으로 파악됐다. 이 때문에 우리 경제에 스태그플레이션의 위험이 도사리고 있다는 이야기가 설득력 있게 들린다. 이처럼 우리나라는 미국처럼 통화정책과 경기변동이 일관성 있게 진행되지 못하고 있어 금리와 경기변동 사이의 관계가 상대적으로 복잡하게 흘러가고 있다.

정책 면에서 보면 미국은 기축통화국의 이점을 최대한 누리면서 나름대로 현실을 진단하고 이에 대해 적절한 대책을 수립하는 것처럼 보인다. 반면 우리나라는 만성적인 경기 침체에도 기준금리를 내리지 못하고 올리면서 침체의 정도를 더 심하게 만드는 정책을 펴고 있다. 그러면서도 미국처럼 공격적인 금리 인상이 어려워 향후 미국과 우리나라의 금리차는 더욱 벌어져 금융시장이 불안해지는 것을 감수해야 할 상황이다. 그러다 보니 우리나라의 경제정책은 효과도 미진하고 정책 타이밍도 맞추지 못한다는 비판이 따른다. 경제적으로 미국이 기침을 하면 우리나라는 독감에 걸리는 상황이 반복되고 있는 것이다. 경제 규모가 작고 개방도가 높은 우리 경제의 숙명이라고 변명할 수도 있지만 그렇다고 달라지는 것은 없다. 우리 경제 상황에 맞는 정책을 만들어야 하지만 아직까지 그 길이 보이지 않는 것이 현실이다. 이런 상황 때문에 우리나라는 기준금리를 올리고 내리는 통화정책을 통해 경기를 조절하는 기능이 취약한 편이다. 또한 금리를 일률적으로 예측하는 것도 상대적으로 어렵다.

금리는
위기의 신호

%

1997년, 서울 명동 유네스코 회관 주변에는 사채업자들의 사무실이 많았다. 간판도 없는 10평 남짓한 건물 안 사무실에는 사람들이 옹기종기 모여 기업들의 어음을 거래했다. 당시 사채시장에서는 개인과 중소기업의 대출은 물론 한보·삼미·기아 등 이름만 대면 알 만한 기업들의 어음이 거래됐다. 대기업들은 거래업체로부터 물건을 사면 물품 대금을 당장 현금으로 지급하지 않고 3개월 정도 후에 지급한다는 약속인 어음을 발급한다. 이 어음을 갖고 있는 사람들은 3개월 후에 기업에 어음을 제시하고 현금을 받는다. 그런데 당장 돈이 필요한 사람들은 이 어음을 할인된 가격에 시장에 내다판다. 이때 할인율은 기업의 자금 사정에 따라 오르락내리락한다. 이 어음의 할인율, 즉 금리는 기업의 신용도와 자금 사정을 반영하는 지표였다.

당시 우리나라 경제 상황과 기업의 자금 사정을 파악하기 위해 주로 확인했던 것은 이 대기업의 어음이었다. 어느 날 사채시장에서 돌아

우리나라의 금리자유화 단계

	자유화 대상			시기
	수신	여신	채권	
1단계	CD, 거액 RP 등 단기시장성 상품	당좌대월, 상업어음 할인 등 단기여신	2년 이상 회사채	1991.11
2단계	제1·2금융권의 2년 이상 정기 예금 및 3년 이상 정기적금 등	재정 및 한은 지원대상 대출을 제외한 모든 제1·2금융권의 여신	- 2년 미만 회사채 - 2년 이상 금융채	1993. 11
3단계	단기시장성 상품 자유화폭 확대(1994~1995년 중) 요구불 예금을 제외한 2년 미만 수신(1996년 중)	한은 지원 대상 정책자금 대출 (1994~1995년 중)	-	1994. 7 1994. 12 1995. 7 1995. 11
4단계	전 단계에서 자유화가 완료되지 않은 단기 수신 및 요구불 예금	-	-	1997.7

자료 | KDI 한국경제 60년사

다니는 어음의 금리가 갑자기 치솟고 일부 기업의 어음 거래가 중단되면, 한두 달 있다가 해당 기업의 자금난 기사가 나오고 그로부터 또 한두 달 뒤에는 채권단에 의해 부도 처리가 됐다. 그때의 사채시장은 기업 정보가 모여드는 보고였다고 할 수 있다.

우리나라에서 금리자유화는 1991년부터 1997년까지 4단계에 의해 이뤄졌다. 금리자유화 이전에는 정부가 정책적으로 예금과 채권 금리를 결정하고 이 수준에서 금융거래가 이뤄졌다. 하지만 금리자유화

세상 친절한 금리수업

가 진행되면서 금융회사가 금융상품의 금리를 자율적으로 결정할 수 있게 되었다.

1997년 여름은 우리나라의 금리자유화가 완성된 시기였다. 당시 우리나라 회사채(AA-, 3년 만기) 금리는 연 12% 안팎이었다. 정상적으로 운용되는 기업이라면 이 정도의 금리로 회사채를 발행해 자금을 조달할 수 있었다. 하지만 사실상 이 같은 거래는 제도권 금융기관에서나 가능한 일이다. 기업의 재무구조에 문제가 있는 경우 자본시장에서 가장 먼저 냄새를 맡는다. 채권을 인수하고 돈을 빌려주는 사람은 자신의 돈이 떼일지 여부에 대해 동물적인 감각을 갖고 있다. 1997년에 한보·삼미·기아 같은 기업의 재무 상황은 유독 어려웠다. 기업 상황이 어려워지면 일단 은행들은 대출 회수에 나서고 시장에서는 회사채 거래가 실종된다. 당시는 금리자유화에도 불구하고 은행 대출이나 회사채 금리가 시장 상황을 바로 반영하지 않는 시대였다. 기업들의 자금 사정이 어려워지면 금리가 오르는 것이 일반적인데 금리의 기능이 탄력적으로 작동하지 않았던 것이다. 따라서 금융회사들은 대출금리나 채권금리를 높여 자금을 공급하기보다는 자금을 아예 차단해버렸고, 자금 경색이 본격화되었다.

이들 기업의 채권과 어음은 사채시장에서 거래되었고, 금리는 천정부지로 치솟았다. 회사채 시장금리가 연 12%인데 반해 사채시장의 금리는 연 20%를 훌쩍 넘었다. 그럼에도 불구하고 부도처리를 막기 위해 당시 유수의 대기업들이 사채시장에서 고금리를 주고 자금을 조달해 급한 불을 껐다. 하지만 1997년 당시 사채시장에 내몰린 기업들은

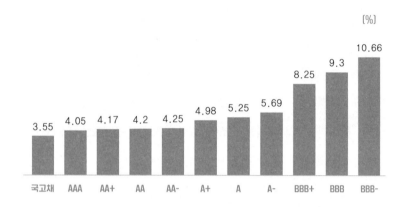

신용등급별 채권금리(3년 만기)

[%]

10.66

9.3

8.25

5.69

5.25

4.98

4.25

4.2

4.17

4.05

3.55

국고채 AAA AA+ AA AA- A+ A A- BBB+ BBB BBB-

자료 | 한국신용평가(2023.2.24)

고금리 사채를 끌어 연명하다가 결국 사채시장에서도 거래가 끊기면서 부도 처리되는 운명을 맞았다.

정상적인 자금거래를 하는 상황에서 금리는 자금을 빌린 것에 대해 지불하는 대가에 불과하다. 하지만 기업의 재무상황이 안 좋아지고 위기에 몰리면 기업의 운명을 알려주는 일종의 지표로 작용한다. 처음에는 웃으면서 돈을 거래하던 채권자들이 나중에는 저승사자가 되어 나타나는 것이다. 1997년과 달리 요즘의 시장금리는 매우 탄력적이며, 국고채나 회사채 금리도 만기나 신용등급에 따라 매우 세분화되었다.

신용도가 낮을수록 그리고 만기가 길수록 채권금리가 높은 것이 일반적이다. 또 같은 신용도라고 해도 채권을 발행하는 회사에 따라 금리가 달라진다. 자본시장은 자유화되고 선진화됐지만 채권시장의 움직임은 예나 지금이나 거의 비슷하다. 채권자들은 매의 눈으로 기업의 재무 상태를 시시각각 점검하다가 이상기류가 발견되면 채권을 팔기 시작한다. 그렇게 되면 채권 값은 떨어지고 금리는 오른다. 상황이 심각해지면 채권 거래를 중단하고 기업에 상환을 요구한다. 이 경우 기업은 어쩔 수 없이 사채시장을 전전해서라도 돈을 구해야 한다. 채권자의 요구를 충족시킬 수 없는 기업이 살아남기 어려운 것은 예나 지금이나 마찬가지다.

▌군중심리에 빠지는 사람들

자본시장이 항상 점진적이고 이성적으로 움직이는 것은 아니다. 기업이 어렵다는 소문이 돌기 시작하면 채권자들은 채권을 빨리 회수하는 것이 유리하다고 판단한다. 이 경우 채권자들이 한꺼번에 몰려가 자금 상환을 요구하는 경우도 발생한다. 때로는 기업에 특별한 문제가 없는데도 루머 때문에 자본시장이 요동치기도 한다. 2022년 10월 우리나라 채권시장을 강타했던 레고랜드 사태는 채권시장의 취약성을 잘 보여주는 사례라고 할 수 있다.

당시 강원도에 레고랜드 리조트를 짓기 위해 설립된 강원중도개발공사라는 회사는 강원도의 보증을 받아 자산유동화기업어음(ABCP) 2,500억 원을 발행했다. 그러나 이 회사는 어음 만기가 돌아왔을 때 대금을 갚을 능력이 없었다. 시장에서는 강원도가 보증을 섰기 때문에 강원도가 상환해줄 것으로 기대했으나 강원도는 어음의 상환을 거부하고 강원중도개발공사에 대한 기업회생을 신청했다. 기업회생을 신청하면 어음은 부도 처리되고 기업은 법원의 관리에 따라 채권-채무관계를 상환하게 된다. 당시 우리나라 금융시장은 미국의 대규모 금리 인상으로 매우 불안전한 상태였다. 이 와중에 지방자치단체인 강원도가 채무 상환을 할 수 없다는 것이 시장에 알려지면서 자금경색은 한층 심각해졌다. 그 결과 한국전력공사, 한국도로공사 등 공기업들이 발행한 채권도 발행을 거부당하는 상황까지 벌어졌다. 게다가 외국에서는 우리나라 지자체의 상환불능 사태로 우리나라 신용등급까지 하향 조정할 것을 검토하기에 이르렀다. 강원도의 다소 어리석은 정책 판단이 나비효과를 불러오면서 우리나라 채권시장 전체를 혼란에 빠뜨린 사건이다. 이처럼 채권시장에 군중심리에 따른 쏠림 현상이 일어나면, 기업이 피해를 보는 경우가 종종 발생하곤 한다.

기업뿐만 아니라 국가와 개인도 마찬가지다. 1997년 외환위기가 발생한 원인 중 하나도 일부 금융회사들의 외화 부족으로 외채 상환을 할 수 없는 상태에 빠지자 해외 채권자들이 우리나라 채권 전체에 대해 회수에 나서면서 외화 부족 사태를 한층 더 심화시킨 데 있다. 해외 채권자들이 대규모로 상환에 나서면 아무리 국가라고 해도 버티기 힘든 법이다. 물론 외환위기의 근본 원인은 우리나라가 외환 관리에 실패한 것이지만, 이 과정에서 해외 채권자들의 군중심리도 큰 작용을 했다고 볼 수 있다. 1997년 당시 국제신용평가기관인 무디스는 우리나라의 국가 신용등급을 1년 사이 6단계나 떨어뜨리며 우리나라가 발행하는 채권에 대해 '정크본드'라는 판정을 내렸다. 신용평가사들이 평가한 등급이 곤두박질치자 우리나라 채권금리는 급속히 올랐고 해외 채권자들의 상환 요구도 빗발쳤다. 대규모로 몰려오는 상환 요구를 버티지 못한 우리나라는 결국 1997년 11월 국제통화기금(IMF)에 구제금융을 요구하는 처지가 됐다.

개인도 신용도가 떨어지면 은행에서 금리를 올리고 빌려준 돈을 일부 상환할 것을 요구한다. 은행과의 거래가 중단되면 저축은행이나 캐피탈 같은 제2·3 금융권에서 돈을 빌리고 그것도 안 되면 고금리 사채를 쓸 수밖에 없다. 옛말에 외상이면 소도 잡아먹는다고 했다. 빚을 낼 수 있으면 일단 쓰고 보는 것이다. 하물며 빚내서 산 물건의 가격이 올라 돈까지 벌 수 있다면 유혹은 훨씬 강해진다. 2020년 들어 우리나라 사회에 불어닥쳤던 '영끌' 열풍이 바로 대표적인 예다. 빚으로 주식을 사고 집을 샀는데 주가가 오르고 집값이 치솟으면 가만히 앉아서 돈을 벌 수 있다. 이럴 때는 빚을 내지 않는 것이 이상할 만큼 사람들은 돈을 여기저기서 빌린다. 그러나 누가 봐도 뻔한 게임은 계속될 수 없다. 부채가 한 번은 희극으로 한 번은 비극으로 돌아오는 것은 자본주의 경제의 역사가 매번 보여주는 사실이다. 실제 2022년부터 금리를 올리고 돈을 거둬들이기 시작하자 많은 사람들이 고금리와 빚 부담으로 고통받고 있다.

금리의 역습과
신종 금융위기

%

2023년 3월 미국 실리콘밸리은행(SVB)의 파산, 크레딧스위스은행(CS)의 인수 합병 등으로 글로벌 은행 시장이 요동쳤다. 미국은 은행 위기가 경제 전반으로 퍼지는 것을 막기 위해 SVB의 예금 전액을 보장한다는 전무후무한 그야말로 파격적인 약속을 했는데, 이는 금융 불안으로 인한 은행의 연쇄 파산을 어떻게든 막아보겠다는 고육책에 다름없다. 여기에 미국 중앙은행인 연방준비제도는 은행들이 보유한 채권을 시가가 아닌 장부 가격으로 평가해 담보를 잡고 필요한 자금을 대출해주겠다고 밝혔다.

채권 값은 금리가 오르면 떨어진다. 금리가 올라 가격이 떨어진 채권을 장부에 표시된 금리로 가격을 매겨 평가하겠다는 것은 싼 물건을 비싸게 사주겠다는 것과 다름없다. 미국 정부는 금융 시스템 안정을 위해 이처럼 파격적인 정책까지 내놨다. 그렇다면 당시 은행의 위기는 왜 벌어졌을까? 은행의 자산과 부채 구조를 보여주는 대차대조표를 살펴

세상 친절한 금리수업

보면 은행 위기의 원인을 이해하기가 좀더 쉬울 것이다.

미국 사우스캘리포니아대학교의 에리카 장 교수는 2023년 다른 교수들과 함께 미국 4,844개 은행의 대차대조표를 분석한 논문을 발표했다. 이 분석에 따르면 이들 은행의 총 자산은 약 24조 달러(약 30경 원)에 달한다. 은행의 자산을 100이라고 했을 때 자산의 세부 구성을 살펴보면, 현금 14.1%, 채권 25.2%, 대출 46.6%, 기타자산 14.1% 등이다. 예금은 은행 입장에서는 돌려줘야 할 부채다. 은행 부채로는 예금보호가 되는 예금이 41.1%, 예금보호가 안 되는 예금이 37.4%다. 은행의 자본은 9.5%를 차지하고 있다. 예금보호란 은행이 파산하더라도 원리금은 보장받도록 하는 제도다. 예금보호 한도는 각국마다 다른데, 미국은 25만 달러(약 3억 2,000만 원) 그리고 우리나라는 5,000만 원까지 보장해주고 있다. 예금보호 한도는 각국의 예금자보호법에서 정하고 있는데, 국가별로 평균적인 소득과 예금 금액 및 각국이 처한 금융환경에 맞춰 그 한도를 정한다. 우리나라는 1997년 외환위기 전에는 1인당 예금보호한도가 2,000만 원이었으나 외환위기 때 예금인출 사태가 발생하자 일시적으로 전액 예금보호제로 바꿔 시행한 적도 있다. 이후 금융시장이 안정되자 2001년도에 보호 한도를 5,000만 원으로 결정하고 지금까지 시행하고 있다.

은행이 보유한 자산 중에서 금리의 변동에 따라 즉각적으로 가치가 변하는 것은 채권이다. 자산을 구성하고 있는 대출과 현금은 금리가 바뀐다고 해서 바로 그 가치가 변하지 않는다. 예를 들어, 은행 자산의 절반가량을 차지하고 있는 대출은 금리가 고정되어 있고 시간이 지

미국 은행 자산 구조(2022년 1분기)

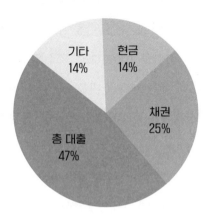

미국 은행 부채 구조(2022년 1분기)

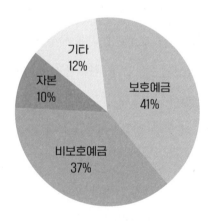

세상 친절한 금리수업

나면 원금과 대출이자를 받게 된다. 은행 부채의 대부분인 예금도 확정된 금리와 원금을 만기 때 지급하며, 중간에 금리가 바뀌더라도 자산과 부채 가치가 바뀌지 않는다. 그러나 채권은 다르다. 채권은 시중 금리가 오르면 가격이 떨어지고 금리가 떨어지면 가격이 오른다. 은행은 이 가치를 실시간 대차대조표를 평가할 때 반영한다. 금리가 올라서 채권 값이 떨어지면 은행의 대차대조표에서 자산이 줄어들게 되고, 이것은 은행의 손실로 반영된다. 은행의 자산이 줄어들고 손실이 커지면 은행을 거래하는 고객들은 심리적으로 불안감을 느끼게 된다.

은행이 채권을 자산으로 보유하는 데는 두 가지 목적이 있다. 하나는 투자용이다. 채권에 투자해서 금리가 떨어지면 시세차익을 올릴 수 있고 이는 은행의 이익이 된다. 또 다른 하나는 유동성 확보다. 앞의 대차대조표에서 보듯이 은행의 예금은 부채 구조에서 거의 80%를 차지한다. 예금자가 돈을 찾으러 오면 은행은 일단 보유하고 있는 현금으로 예금을 돌려준다. 만약 현금으로 은행 예금을 돌려주기가 어려울 경우에는 채권을 팔아 유동성을 확보한다. 은행이 돈이 필요할 때 대출을 바로 회수하는 것은 거의 불가능하지만 채권은 자본시장에서 매매가 가능하기 때문이다.

대차대조표에 따르면, 은행이 위험해지는 경우는 다음과 같다. 먼저 대출이 부실화하는 경우다. 대출을 해준 기업들이 부도 처리되면 은행이 회수할 수 있는 자금이 줄어든다. 은행이 기업의 회사채를 인수했을 때도 마찬가지다. 회사채를 인수한 기업이 부실화되면 은행의 자산도 부실화된다. 이 경우 은행의 자산은 부채보다 작아진다. 은행 부채의 대부분인 예금에 가입한 사람들은 은행 자산이 부족하다는 것을 확인하는 순간 예금을 빼내고 싶어 할 것이다. 나중에는 예금을 찾을 수 없을지도 모른다는 불안감이 엄습하기 때문이다.

특히 예금보호가 안 되는 거액 예금자들부터 예금을 빼낸다. 이렇게 예금을 빼기 시작할 때 은행이 돈을 제때 지급하지 못하는 상황이 발생할 경우 대부분의 예금자가 일거에 예금 인출을 요구하는 '뱅크런' 현상이 발생한다. 이 경우 은행은 버티지 못하고 파산한다. 과거 미국을 포함한 각국의 은행들이 이러한 과정을 거쳐 문을 닫았다. 우리나라도 1997년 외환위기 때 많은 은행들이 비슷한 이유로 문을 닫았다.

▌실리콘밸리은행이 파산한 이유

그런데 SVB 은행의 경우는 조금 다르다. 이 은행은 자산 부실화가 현실화되지는 않았지만 미국 연방준비제도의 급속한 긴축으로 금리가 가파르게 오르자 채권 평가 손실을 입었다. 대차대조표 상에서 채권 가격이 떨어져 손실을 입은 것이다. 그런데 이 은행은 갖고 있는 채권의 대부분이 미국 국채여서 채권 부실화가 진행될 가능성은 거의 없었다. 하지만 채권 값 하락으로 손실을 입게 되면 은행의 대차대조표 상에서 자산이 줄어들게 된다. 또 금리 급등에 따른 자산 평가 손실도 자본을 줄이는 효과를 가져온다. 이 상황을 타개하기 위해 SVB 은행은 20억 달러 규모의 자본 확충을 통해 자산을 늘리려는 시도를 했다. 이런 시도가 오히려 예금자들의 불안감을 증폭시키면서 '뱅크런'으로 이어졌다. 하루 사이에 예금자들이 420억 달러나 인출을 하자 은행의 자산으로는 이를 충당할 수 없게 됐고 결국 은행은 파산에 이르렀다.

은행의 대차대조표 구조를 살펴보면 이러한 문제가 어느 은행에서나 발생할 수 있다는 것을 알 수 있다. 금리가 가파르게 오르면 채권의 평가손실이 발생하는 것은 당연한 수순이다. 이 손실이 반영되면 예금자들은 불안해하고 예금 인출에 나서게 된다. 에리카 장 교수는 미국의 경우 금리 인상으로 전체적으로 6,200억 달러 정도의 평가손실을 보고 있는 것으로 추정했다. 전체 은행 자산의 2.6% 정도다. 비율로는 높지 않지만 이런 평가손실이 어느 은행에서 현실화할지 그리고 이런 손실에 대한 불안감으로 어느 은행에서 뱅크런이 발생할지 예측하기란 어려운 일이다.

은행 시스템은 평상시에는 매우 평화롭게 보이지만 곳곳에서 문제가 발생할 수 있는 '뇌관'을 갖고 있다고 볼 수 있다. 중요한 것은 은행과 예금자 사이의 신뢰다. 뇌관이 현실화하지 않을 것이라는 믿음이 있으면 예금자들은 부실 징후가 있어도 움직이지 않는다. 하지만 신뢰가 깨지면 예금자들은 집단행동을 통해 은행을 무너뜨릴 수 있다.

Chapter
4

금리와
환율

금리는 나무,
환율은 숲

%

경제에서 금리가 나무라면 환율은 숲이다. 금리는 금융시장에서 정해지는 다양한 가격을 의미하고 환율은 이 다양한 가격과 실물시장에서의 움직임이 포괄적으로 반영돼 정해지는 한 나라 돈의 값어치다. 이런 점에서 환율은 국가 전체 경제가 얼마나 원활히 잘 돌아가는지를 반영하는 하나의 지표라고 볼 수 있다. 이 때문에 환율이 안정됐다면 그 나라의 경제가 안정적으로 움직이고 있다는 의미이고 환율이 불안정하다면 경제가 불안정한 것이다. 대부분의 나라들이 환율 수준을 안정시키는 것을 경제정책의 최우선 과제로 삼고 있는 것도 이런 이유 때문이다. 나무를 이해해야 숲을 이해할 수 있고 숲을 이해해야 나무를 이해할 수 있듯이 금리와 환율도 마찬가지다.

금리는 기본적으로 자금시장에서 수요와 공급에 의해서 결정이 된다. 우리나라에는 자금시장 외에도 많은 시장이 있다. 주식시장에서는 주식거래를 하고 휴대전화, 자동차 등 제조업 시장에서는 많은 상품들이 거래된다. 아울러 스포츠, 교육 등의 서비스업 시장도 있다. 이 시장들에는 우리나라 사람뿐만 아니라 외국인들도 많이 참여한다. 다만 외국인이 우리나라에 와서 물건을 사려면 가지고 있던 돈을 우리나라 돈으로 바꿔야 한다. 이때 각국 통화의 교환 비율에 따라 교환이 이루어진다. 일반적으로 세계 각국이 서로 간의 거래를 할 때는 일단 돈을 달러로 바꾼 후 이 달러를 가지고 해당 국가의 통화로 바꿔 거래를 하는 경우가 대부분이다. 이 경우 각국 통화와 달러의 교환비율이 확정되면 각국 통화간 교환 비율도 결정된다. 예를 들어, 우리나라와 미국의 환율이 1달러당 1,000원으로 결정되고 미국과 일본의 환율이 1달러당 100엔으로 결정된다면 일본과 우리나라의 환율도 100엔당 1,000원으로 결정되는 식이다. 그런데 현재 원화와 엔화가 직접 거래되는 시장은 존재하지 않는다. 원화를 엔화로 바꾸려면 먼저 원화를 달러로 바꾼 후 이를 다시 엔화로 바꿔야 한다. 이렇게 직접적으로 거래가 되지는 않지만 달러를 매개로 원화와 엔화의 가치를 계산할 수 있는데 이를 재정환율이라고 한다. 우리나라에는 미국 달러 외에는 직거래 시장이 거의 없기 때문에 '원달러 환율'을 결정하는 외환시장이 다른 통화를 거래하는 시장보다 압도적으로 크고 이 시장의 메커니즘을 이해하는 것이 환율을 이해하는 기본이 된다.

▌ 빅맥지수와 실제 환율의 차이

환율은 시시각각 바뀐다. 그만큼 현대 외환시장이 긴박하게 움직인다는 얘기다. 그럼에도 불구하고 환율을 생각할 때는 중심축이 있어야 한

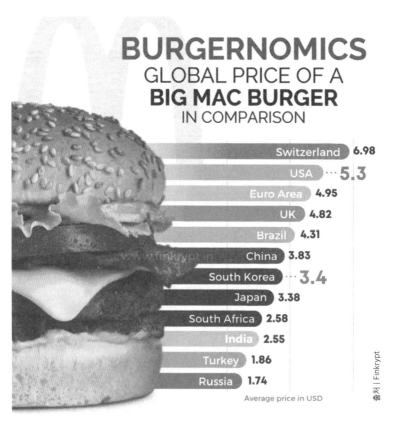

BURGERNOMICS
GLOBAL PRICE OF A
BIG MAC BURGER
IN COMPARISON

Switzerland	6.98
USA	···5.3
Euro Area	4.95
UK	4.82
Brazil	4.31
China	3.83
South Korea	···3.4
Japan	3.38
South Africa	2.58
India	2.55
Turkey	1.86
Russia	1.74

Average price in USD

출처 | Finkrypt

2003년 2월 기준, 세계 각국에 매장을 둔 맥도날드의 빅맥 햄버거 가격을 기준으로 나라별 통화가치를 환산한 빅맥지수. 이에 따르면 우리나라가 미국보다 햄버거 값이 2,400원 싸다. 하지만 실제 환율의 계산은 수출입 등 더 다양한 요인들을 감안해서 결정된다.

다. 이 중심축으로 자주 이야기되는 것이 바로 '빅맥지수'다. 논리는 단순하다. 맥도날드는 '빅맥'이라는 햄버거를 우리나라에서도 팔고 미국에서도 판다. 빅맥을 먹어본 사람들은 알겠지만 우리나라와 미국의 빅맥 햄버거는 질과 양 면에서 그리 큰 차이가 없다. 그렇다면 그 가치도 비슷해야 한다. 2023년 2월 우리나라의 빅맥 가격은 4,400원, 미국의 빅맥 가격은 5.3달러(원달러 환율 1,295원을 적용하면 6,863원)였다. 같은 물건의 값이 두 나라의 화폐로 평가되니 돈을 바꿀 때도 그 비율에 (4,400원과 5.3달러) 맞춰 교환하는 것이 상식적이다. 이 비율에 따르면 원달러 환율은 1달러당 830원 정도다. 그런데 같은 날 은행이 고시한 외환시장의 원달러 환율은 1,295원으로, 빅맥지수로 평가한 환율보다 400원이나 높았다. 이 환율을 적용하여 환전을 하고 미국에서 빅맥을 사먹으려면 우리나라에서보다 2,400원을 더 내야 한다는 말이다.

물론 빅맥을 제외한 다른 물건에 대해서 우리나라가 미국에 파는 것보다 사들이는 것이 더 많아 이러한 일이 벌어질 수도 있다. 환율은 빅맥뿐만 아니라 모든 수출입을 감안해서 결정되기 때문이다. 예를 들어, 우리나라는 미국에서 소고기와 아이폰 등을 수입하고 자동차와 반도체를 수출한다. 우리나라의 물건을 미국에 수출할 때는 달러가 들어오고 미국의 물건을 수입할 때는 달러가 나간다. 미국에서 수입하려고 하는 물건의 값어치가 우리나라가 수출하려는 물건의 값어치보다 높다면 달러 수요가 공급을 초과하게 된다. 산업통상자원부 집계에 따르면 2023년 2월 우리나라는 총 501억 달러어치를 수출했다. 반면 외국으로부터는 총 554억 달러어치의 물건을 수입했다. 수입이 수출보다 53억 달러가 많다. 이 경우 우리나라는 달러가 53억 달러 더 필요하게 된다. 달러 수요가 늘면, 달러 값은 오르고 원화 값은 상대적으로 떨어진다. 원화 값이 떨어진다는 것은 달러당 환율이 오른다는 의미다.

우리나라 사람들과 외국인의 금융거래에 따른 자금 변동도 환율에 영향을 미친다. 국내에서 미국 주식과 채권에 투자하거나 펀드에 가입할 때는 원화를 달러로 바꿔야 한다. 같은 이유로 외국인들이 우리나라 금융시장에 투자할 때는 달러를 원화로 바꾼다. 여기서도 달러와 원화 수요가 발생한다. 금융감독원이 발표한 자료에 따르면 2023년 2월 외국인들은 우리나라에 상장된 주식을 1조 1,690억 원(환율 1,276원 기준으로 약 9억 270만 달러)을 순매수했다. 순매수란 주식을 산 금액 총액에서 판 금액 총액을 뺀 것이다.

같은 기간 채권시장에서는 7,780억 원의 자금을 순회수했다. 순회수란 채권을 판 금액과 채권을 사들인 금액의 차이를 말하는데, 순회수가 플러스라면 채권에 투자한 것보다 채권을 팔아 자금을 빼서 나간 것이 더 많다는 얘기다. 주식과 채권을 합하면 외국인들은 2월 한 달 동안 우리나라에 주식과 채권 투자를 위해 총 3,910억 원을 들여왔는데 이를 2023년 2월 평균 환율 1,276원으로 환산하면 약 3억 달러다. 즉, 우리나라 실물경제에서는 53억 달러가 순유출되었고 금융시장에서는 3억 달러 정도가 순유입된 것이다. 달러의 유입보다 유출이 50억 달러 정도 더 많았다는 이야기다. 유출되는 달러가 많다면 이는 환율 상승(원화 약세)의 요인이 된다. 실제 우리나라의 월평균 환율은 2023년 1월에 1,245원에서 2월에는 1,276원으로 올랐다.

▌수출 증대를 위한 환율정책

그래도 여전히 풀리지 않는 의문이 있다. 빅맥지수로 계산된 원달러 환율 800원과 우리나라의 환율 1,200원대 간의 괴리다. 실물과 금융시장에서의 달러 수요와 공급이 매번 변동한다지만, 이것으로 400원씩이나 되는 차이를 설명할 수 있을까? 수요와 공급 등 시장논리와 함께 환율을 설명할 때 언제나 등장하는 것이 정책이다. 환율의 수준은 경제정책과 밀접한 관련이 있다. 우리나라는 수출주도형 경제다. 한 마디로 수출을 많이 해야 먹고 사는 나라라는 이야기다. 1960년대 수출주도형 경제정책을 입안한 이후 우리나라 경제정책의 최우선은 수출 증대였다.

수출을 많이 하려면 우선 물건을 잘 만들어야 한다. 그런데 우리나라 경제 발전 초기에는 물건을 잘 만들 수 있는 기술도 없었고 시설도 부족했다. 그러면서 수출은 늘려야 했다. 이때 등장한 것이 저임금이다. 우리나라는 저임금 근로자를 고용해 수출 단가를 낮췄다. 그 다음으로 실시한 정책이 고환율이다. 환율을 높은 수준으로 유지하면 우리나라가 해외로 수출하는 물건 값이 싸지는 효과가 있다. 예를 들어 환율이 1달러당 1,000원이고 옷 한 벌을 만드는 데 1,000원이 들었다고 가정하자. 이때 우리나라가 미국으로 수출하는 옷 한 벌 값은 1달러가 된다. 그런데 환율이 1,200원으로 오른다면 우리나라 옷 한 벌 값은 0.83달러가 된다. 우리나라 원가는 변함이 없는데 달러로 표시된 값은 17%나 하락하는 것이다. 물건이 싸면 많이 팔리는 것은 당연하다. 이렇게 환율을 정책적으로 높게 유지해 우리나라 수출품의 가격을 낮추고 수출을 늘렸다. 지금이야 기술력과 자본력만으로도 충분한 수출경쟁력을 유지할 수 있지만 우리나라 경제 발전이 한창 이뤄지던 1960~1980년대는 고환율 정책으로 수출단가를 낮추지 않으면 수출이 어려운 시기였기 때문이다. 이러한 영향으로 우리나라 환율은 항상 시장의 균형 환율보다 다소 높은 수준을 유지했었다. 그러나 현재는 변동환율제도를 유지하고 있고 환율시장에 정부가 적극적으로 개입할 경우 '환율조작국'이라는 낙인이 찍힐 수 있기 때문에 정부가 환율 수준을 조절하는 정책은 펴지 않고 있다. 그렇다고 외환시장이 요동칠 때 손 놓고 있는 나라도 사실상 없다. 이렇듯 외환시장과 정부와의 관계는 회색지대로 남아 있는 것이 일반적이다.

환율에 영향을 미치는 요인으로 실물시장과 금융시장에서의 달러의 수요와 공급 그리고 정부의 정책 등을 살펴보았다. 그렇다면 금리와 환율은 어떤 관련이 있을까? 금리가 환율에 영향을 미치는 방식은 다양하다. 먼저 우리나라의 금리가 높다면 외국인들은 우리나라의 채권을 더 많이 사려고 할 것이다. 금리가 높으면 이자를 많이 받을 수 있고, 나중에 금리가 내렸을 때 자본 이득까지 올릴 수 있기 때문이다. 한편 금리가 높으면 기업들은 자금 부담을 많이 느끼게 될 것이고 이는 기업의 실적을 악화시키는 요인으로 작용한다. 기업의 실적이 나빠진다면 기업의 주가 또한 떨어진다. 그러면 외국인들은 주식시장에서 자금을 빼려고 할 가능성이 높아진다. 즉, 높은 금리는 채권시장에서는 외국인 자금의 유입을, 주식시장에서는 외국인 자금의 유출을 유도한다. 둘 중에 어느 것이 클 것인지는 상황에 따라 다르다. 또한 금리가 올라가면 기업의 투자도 위축된다. 대부분의 기업은 돈을 빌려서 투자를 진행하기 때문에 금리가 높으면 투자 비용이 증가하기 때문이다. 기업의 투자가 위축되면 생산 활동이 둔화되고, 해외 수출이 감소하게 된다. 또 금리가 올라가면 개인들은 저축을 늘리고 소비를 줄이는 경향이 나타난다. 소비가 줄어들면 해외 수입도 줄어든다. 이처럼 금리의 효과는 금융시장은 물론 실물시장을 통해서도 외환 수급과 환율에 영향을 미친다.

일반적으로 외환시장에서는 금리의 효과가 실물시장 효과보다 더 즉각적이고 빠른 속도로 나타난다. 2022년 미국이 긴축을 단행하면서 금리를 빠른 속도로 올리자 금융시장에서 외국인 자금 이탈이 일어났고, 우리나라 환율은 큰 폭으로 올랐다. 따라서 환율의 움직임을 파악하기 위해서는 매일 채권과 주식 등 금융시장의 상황을 살펴봐야 한다. 한 가지 유의할 점은 금리는 절대적인 수치보다 외국과 비교한 상대적인 수치가 더 의미가 있다. 예를 들어, 우리나라 금리가 3%에서 5%로 올랐는데 같은 기간 미국 금리가 2%에서 6%로 올랐다면 우리나라 금리의 절대 수준은 올랐지만 상대적으로는 내려갔다고 볼 수 있다. 즉, 이전에는 우리나라가 미국보다 금리가 1%p 높았지만 미국이 빨리 금리를 올리면서 우리나라 금리가 미국보다 1%p 낮아진 것이다. 그렇다면 우리나라 금리는 미국보다 상대적으로 낮아져 외국인 투자자금이 고금리를 따라 미국으로 이동하게 된다. 이 경우 우리나라 환율은 올라가고 원화 값은 상대적으로 떨어지게 된다. 또한 미국에 비해 우리나라의 금리가 상대적으로 낮아져 환율이 올라가면 우리나라가 수입하는 수입품 가격은 상대적으로 올라가고 우리나라의 수출품 가격은 떨어진다. 수입품 가격 상승은 우리나라의 물가를 상승시키는 요인으로 작용하고 수출품 가격 하락은 수출을 늘리는 효과를 가져온다.

금리, 환율,
국가 부도

2000년대 초 외환 관련 업무를 담당하던 한 관료는 우리나라의 적정 환율을 달러당 1,100원 선으로 제시했다. 미국 통화 1달러가 1,100원으로 교환되는 것이 우리나라 경제에 가장 적정한 수준이란 이야기다. 이 관료는 우리나라 기업들의 수출경쟁력을 유지하기 위해서는 이 정도의 환율이 불가피하다고 했다. 거꾸로 말하자면 우리나라 기업과 산업 경쟁력이 '가격'을 빼면 별 볼 일 없다는 말이기도 하다.

그렇다면 환율이 높기만 하면 좋은 걸까? 그렇지는 않다. 고환율은 수출에는 유리하지만 그에 따른 부정적인 영향도 있다. 우리나라 주식과 채권에 투자한 수많은 외국인 투자자들 입장에서는 환율이 오르면 (원화 값이 떨어지면) 손해를 본다. 환율이 1,100원 일 때 1만 달러를 원화로 바꿔 1,100만 원어치 주식을 산 사람은 환율이 1,200원으로 오르면 주가에 변동이 없더라도 이를 달러로 바꿀 때 9,167달러밖에 받을 수 없다. 이 때문에 환율이 너무 많이 오르면 외국인 투자자들이 우리나라를 떠나게 되고, 금융시장이 요동치며 경제가 불안정해진다. 외국 자본의 급격한 이탈로 우리나라는 1997년 국제통화기금(IMF)의 구제금융을 받은 사례도 있다. 우리나라 경제는 외부요인에 영향을 많이 받기 때문에 환율에 좌지우지되는 것은 어찌 보면 숙명 같은 것이라 할 수 있다.

일반적으로 우리나라를 비롯한 개발도상국들은 자국 통화의 값이 떨어져 수출 경쟁력이 높아지는 것보다 자국 통화의 값이 떨어질 때 외국 자본이 이탈하는 것을 훨씬 더 두려워한다. 그래서 환율이 일정 수준을 넘어서면 환율부터 관리하는 것이 신흥국가들의 최우선 임무다. 통화가치가 하락하기 시작하고 외국 자본 이탈까지 겹치면 통화가치 하락과 자본 이탈이 악순환 고리를 형성한다. 이때, 국제적으로 활동하는 환투기 세력들은 환율을 방어하려는 신흥국 정부의 노력을 역이용해 차익을 노리는 환투기에 나선다. 이들은 일부러 취약한 국가의 통화를 사고 팔면서 시장을 교란시키고 막대한 이익을 챙긴 후 떠난다. 이들의 농간에 놀아나면 결국 외환 유동성 위기를 겪게 되는 것이다.

신흥국의 자본 이탈은 미국이 금리를 인상하는 시기에 발생하는 경우가 많다. 1990년대 후반, 미국이 기준금리를 연 3%에서 6%까지 인상하면서 우리나라를 비롯해 멕시코, 태국, 인도네시아, 러시아, 브라질, 아르헨티나 등이 국가 부도 사태에 몰리며 국제통화기금(IMF)에 구제금융을 신청하는 위기를 겪었다. 미국이 금리를 올리면 금융시장에서 외환이 빠져나가게 되는데, 이때는 국내 금리를 올리더라도 자본 이탈을 막을 수 없어 외환 유동성 위기가 발생한 것이다. 신흥국도 미국

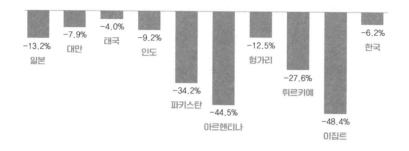

미국 긴축 이후 국가별 통화가치 변화(2022.2~2023.2)

자료 | 한국은행

을 따라 금리를 인상하여 대응에 나서지만 한번 자본이 빠져나가고 통화가치가 하락하여 환투기 세력까지 기승을 부린다면 신흥국이 자국 통화를 방어하기 힘든 상황이 만들어진다. 튀르키예의 경우 환율방어를 위해 기준금리를 대폭 올렸다. 이에 따라 2020년 말 10.25%였던 기준금리가 2021년 3월에는 19%까지 치솟았다. 하지만 고금리 부작용이 커지자 기준금리를 다시 내리기 시작했고 이로 인해 달러당 튀르키예 리라 환율은 2021년 3월 8.332에서 2023년 5월에는 20.6259까지 올랐다. 2년 사이 환율이 2.5배가량 치솟은 셈이다.

2022년부터 미국이 빠른 속도로 금리를 올리는 과정에서 다른 신흥국가들도 튀르키예처럼 통화가치의 급격한 하락을 겪어야 했다. 신흥국들도 미국을 따라 금리를 올렸지만 자본 이탈을 막지는 못했다. 한국은행 통계를 살펴보면 2022년 2월부터 2023년 2월까지 1년 동안 이집트의 통화가치는 48.4%나 떨어졌으며, 아르헨티나도 44.5% 급락했다. 미국의 긴축에 대응하지 못해 외환유동성이 꼬인데다가 투기자본의 공격까지 받으면서 벌어진 현상이다. 다음으로 파키스탄(-34.2%)과 튀르키예(-27.6%) 등도 통화가치가 급락했다. 이처럼 통화가치가 급락하는 국가들은 국가 부도 위기에 내몰리고 일부는 IMF에 구제금융을 신청하기도 한다. 우리나라 역시 이 기간 중 통화가치가 6.2% 떨어졌다. 다른 나라에 비해 하락폭은 크지 않지만 언제 어떤 일이 벌어질지 안심할 수 없는 상황이 계속되고 있다.

우리 경제에서도 환율은 항상 위기의 징후를 알려주는 역할을 했다. 지난 1990년부터 2023년 2월까지 우리나라 월평균 환율이 1,200원이 넘었던 적은 전체 396개월 중 74개월에 불과했다. '월'을 기준으로 봤을 때 18.7% 정도의 기간만 환율이 1,200원을 넘었고 나머지 기간동안 환율은 그 아래였다.

환율 방어선, 1,200원

과거 환율이 1,200원을 넘었던 기간은 우리 경제에 큰 충격이 있었던 기간이다. 외환 위기가 닥쳐왔던 1997년 12월부터 1998년 12월까지 월평균 환율은 1,200원을 넘었다. 당시 환율은 한때 2,000원 선에 육박하기도 했다. 수많은 외국자본이 한국을 빠져나갔고 코스피(KOSPI)지수는 300선까지 곤두박질쳤다. 당시 정부는 달러를 유입하기 위해 백방으로 노력했지만 해외 투자자들은 우리나라 시장을 외면했다. 금리를 연 20%까지 올렸고 외국인 투자를 가로막는 각종 규제도 해소했으나 소용이 없었다. 그러자 정부는 '금 모으기 운동'까지 벌여 국민들이 갖고 있는 금을 모아 해외에 팔아 달러를 들여오는 상황까지 이르렀다.

　IMF 위기 이후 환율이 1,200원을 넘은 시기는 2000년 12월부터 2003년 3월까지다. 이때 우리나라 경제는 닷컴 버블이 붕괴되고 카드 남발과 신용불량자 폭증으로 인한 카드 대란으로 온 나라가 홍역을 치르던 시기였다. 그 다음으로 환율이 1,200원을 넘었을 때는 2008년 글로벌 금융위기가 닥쳐왔을 때였다. 당시 환율이 1,200원이 넘자 외국 자본이 물밀듯 빠져나갔고 주택시장의 버블이 붕괴돼 집값이 급락했다. 그 다음으로 환율이 1,200원이 넘은 시기는 2020년 3월부터 6월까지로 코로나19의 여파로 경제가 큰 충격을 받았을 때다.

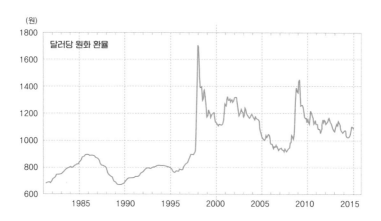

IMF외환위기 당시 환율은 2,000원대를 육박하기도 했다. 환율이 장기간 1,200원을 넘어선다면 일단 우리나라 경제에 경보를 울린 것이다.

　　　　　　　　　　　　　세상 친절한 금리수업

우리나라 경제 위기와 무역/환율

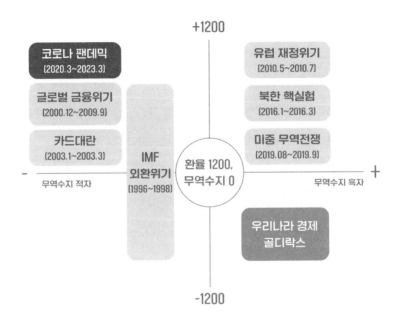

2020년 7월 이후 원달러 환율은 1,200원 밑으로 떨어졌지만 미국의 긴축이 시작되자 2022년 3월부터 2023년 2월까지 환율이 1,200원을 넘었다. 환율이 1,200원을 넘는 기간이 지속될 때마다 우리나라 경제는 큰 충격을 받았고 주가를 비롯한 금융지표는 크게 출렁거렸다. 한 가지 주의할 점은 환율과 함께 우리나라 무역수지가 적자를 기록했을 때는 위기의 정도가 더 컸다는 점이다. IMF 외환위기, 카드 대란, 글로벌 금융위기 등 위기의 정도가 상대적으로 더 컸을 때를 보면 당시 우리나라의 환율은 1,200원을 넘었고 무역수지도 적자를 기록했다. 2022년부터 미국 긴축으로 진행된 시기 역시 공교롭게도 환율이 1,200원을 넘었고 무역수지도 적자를 기록하고 있다. 우리나라 경제에서 환율이 1,200원 아래이고 무역수지가 흑자를 보였던 기간은 대부분 경제적으로 평탄한 시기였다. 특별한 위기 징후가 보이지 않아 경제적으로 안정적인 성장을 이뤘다. 이른바 '골디락스 경제' 시기다. 과열도 침체도 아닌 적당히 좋은 상태를 유지한 시기였나.

역사가 보여주는 환율 1,200원의 상징적 의미 때문에 우리나라 정부와 시장은 이 선이 지켜지는지 여부에 촉각을 곤두세우고 있다. 우리나라와 국제 경제 환경이 예전과는 달라졌다고 해도 1,200원 이상의 환율은 여전히 부담스러운 수준이다. 환율이 최고점에 오른다는 것은 우리나라 전체의 리스크가 높다는 것을 반영하는 것이다. 우리나라 통화의 가치가 떨어지고 있는 시점에서 국내 주식과 채권, 부동산 등 각종 자산의 가격이 오르기를 기대하기는 어렵다. 또한 환율 1,200원은 외국인들이 우리나라 투자 전체에 대해 다소 불안한 반응을 보이고 있는 상황이라는 것을 의미한다. 우리나라도 경제정책을 펼칠 때 환율이 1,200원 밑으로 내려가면 통화정책과 재정정책을 국내 경기를 띄우고 실업을 줄이는 방향으로 시행하는 경향이 있다. 하지만 환율이 1,200원을 넘어서면 국내보다는 대외 경제 환경을 의식한 경제정책을 펴야 한다. 이 경우 금리를 내리기도 어렵고 국가의 빚을 늘려 확장적인 재정정책을 펼치기도 힘들어진다. 환율이 1,200원을 넘어서면 우리나라 금리를 올려 외화 유출을 막아야 할 필요성이 한층 더 커진다. 2022년 이후 환율이 1,200원을 넘어서면서 한국은행 금융통화위원회는 기준금리 인상 여부를 결정할 때 환율의 움직임을 매우 중요한 변수로 고려하고 있다. 이처럼 금리정책과 흐름을 이해하는 데 있어서 환율의 중요성은 아무리 강조해도 지나치지 않는다.

경제정책 트릴레마와
금리

%

경제가 어려울 때 사람들은 본능적으로 정부를 쳐다본다. 정부가 나서서 경제를 안정시켜 달라는 요구다. 그럴 때면 정부는 나서서 각종 경제정책을 내놓는다. 물가가 오를 때는 금리를 올리고 경기가 어려울 때는 재정에서 돈을 풀어 경기를 띄우려고 한다. 우리나라 같은 소규모 개방경제는 환율 변화에도 민감하다. 하지만 사실상 정부의 경제정책으로 해결할 수 있는 문제는 거의 없다. 정부가 나서서 하나를 해결하면 다른 한쪽의 문제는 더 심해진다. 이런 정부의 '딱한' 입장을 보여주는 용어가 '트릴레마trilemma'다.

트릴레마란 그리스어로 숫자 3을 의미하는 '트리Tri'와 명제를 의미하는 '레마Lemma'가 합쳐져 만들어진 단어다. 세 가지 문제 중 하나를 해결하면 다른 두 가지 또는 두 가지 중 한 가지 문제를 악화시켜 세 개의 문제를 모두 풀 수 없게 되는 상황을 말한다. 그렇다면 경제 정책의 트릴레마는 무엇일까?

금리와 환율관계

범례: 환율(종가기준 월평균)   금리(3년 국고채)

자료 | 한국은행

먼저 물가와 경기와의 관계를 살펴보자. 금리를 올리면 시중의 돈을 흡수하는 효과를 가져오고 이에 따라 물가는 하락한다. 이 논리를 적용하면 정부 정책으로 물가는 잡을 수 있다. 하지만 정부가 금리를 올려 물가를 잡으면 경기 침체는 심해진다. 정부는 물가와 경기 사이에서 일종의 딜레마 상황에 처하는 것이다.

개방경제에서는 금리와 환율 역시 서로 밀접한 관련이 있다. 금리가 높으면 해외에서 돈이 들어와 환율은 떨어지고(원화가치 상승) 금리가 낮으면 돈이 해외로 나가 환율은 오른다.(원화가치 하락)

경제정책을 펼 때 환율까지 감안하게 되면 정책 담당자의 머릿속은 한층 복잡해진다. 먼저 경기를 띄우기 위해 금리를 낮출 경우 국내에서는 통화량이 늘어나 물가가 오르게 된다. 다음으로 달러당 원화 값이 떨어져 환율도 오른다. 환율이 오르면 수입하는 물건 값이 더 비싸지고, 수입품 가격이 오르면 국내 물가 상승을 더 부추긴다.

한 가지 문제가 더 있다. 국내 금리가 하락하고 원화 값이 떨어지면(환율 상승) 원화를 갖고 있던 사람들은 이를 달러로 바꾸려고 한다. 이 경우 국내 금융시장에서 자본이 유출된다. 자본이 유출되면 원화 값은 더욱 떨어지고(환율 상승) 이는 다시 추가적인 물가 상승을 일으키는 악순환 고리를 형성한다. 결국 금리를 내려 경기를 띄우려는 정부의 정책 의도는 물가 상승과 환율 상승(통화가치 하락)이라는 부작용을 수반한다.

그렇다면 정부가 물가를 잡기 위해 금리를 올리면 어떤 일이 벌어질까? 이때는 국내의 통화량이 줄어들어 경기가 위축된다. 대외적으로 금리 인상은 통화가치 상승(환율 하락)을 불러온다. 이 경우 우리나라가 해외에 수출하는 물건 값은 상대적으로 오른다. 수출품 가격이 오르면 해외로 수출하는 물량은 줄어들고 수출 감소는 국내 경기 위축으로 이어진다. 즉 '금리 인상 → 물가 안정 → 경기 위축 → 환율 하락 → 수출 감소 → 경기 위축 심화'라는 또다른 악순환 고리가 형성되는 것이다.

통화정책만 부작용이 있는 것은 아니다. 정부가 국채를 발행하고 이 돈으로 재정지출을 늘려 경기를 띄우려고 할 때도 비슷한 효과가 발생한다. 정부가 시장에 국채를 발행하면 국채 물량이 늘어나 시장에서 국채 가격이 하락(금리 인상)한다. 금리가 오르면 민간기업의 투자 비용이 증가하여 민간 투자를 위축시킨다. 투자가 위축되면 경기를 띄우려는 정부의 노력이 효과를 거두기 어렵다. 또 국내 금리 인상은 원화 값 상승(환율 하락)을 유발해 수출이 위축된다.

반대로 정부가 경기 과열을 막기 위해 재정 지출을 축소하면 국채 발행 물량이 줄어들고 이는 국채 값 상승(금리 하락) 요인이 된다. 금리가 떨어지면 민간 투자는 늘어난다. 또 금리 하락이 원화 값 하락(환율 상승)을 유발하면 수출이 늘어나 경기는 상승하게 된다. 정부는 경기 과열을 막기 위해 지출을 줄였는데 민간에서는 경기가 과열된다. 정부의 정책의도가 시장금리의 변화를 가져오고 이 변화로 인해 정부가 의도하지 않았던 부수효과가 발생하는 것이다.

우리나라 같은 개방 경제에서는 경기 안정·물가 안정·환율 안정이라는 세 마리 토끼를 잡는 정책 조합을 찾기가 매우 어렵다. 각 상황에 맞춰 꼭 달성할 것은 달성하되 포기할 것은 포기하는 지혜가 필요하다. 이런 정부의 정책은 모두 금리를 매개로 효과가 발휘된다.

Chapter 5

금리와 미국의 금융패권

글로벌 금리 정하는
미국 연준

%

2022년 2월 미국의 기준금리는 0.25%였지만 2023년 6월에는 5.25% 까지 급격하게 올랐다. 1년 사이에 금리 인상폭이 5%p에 달한다. 이 금리를 기준으로만 놓고 볼 때 1억 원을 빌렸다면 1년 전에는 연 이자가 25만 원이었던 것이 525만 원이 되었다. 1년 동안 1억 원을 빌린 사람이 갚아야 할 이자가 21배나 늘어났다는 이야기다. 미국이 이렇게 금리를 올리자 '제로 금리' 정책을 유지하던 유로존은 같은 기간 정책 기준금리를 0%에서 4.0%까지 인상했고, 우리나라도 기준금리를 0.5%에서 3.5%까지 올렸다. 세계 각국이 미국의 금리 인상을 허겁지겁 뒤따라간 것이다. 이 과정에서 대출을 받은 사람들에게는 '이자 폭탄'이 떨어졌고 부동산과 주식, 가상화폐 등 각종 투자의 자산 값은 폭락했다. 한 마디로 전 세계 경제가 미국 발 금리 인상 폭풍에 휘청거리고 있다.

2022년부터 2023년까지 글로벌 금융시장에서 벌어진 현상은 전 세계의 금리가 사실상 미국에 의해 결정된다는 것을 잘 보여주었다. 금리는 경기·물가·환율 등 다양한 경제변수를 감안해서 결정된다는 논리는 미국 또는 미국과 비슷한 입장의 나라에서나 가능한 이야기다. 미국과 입장이나 상황이 다른 나라는 경제 환경 변화에 더해 미국의 금리정책이 자기 나라의 금리를 결정하는 중요한 변수가 된다. 즉, 미국이 경제 및 정치 상황을 감안한 통화정책을 펴면 다른 나라들은 미국의 동향을 보고 통화정책 방향을 결정하는 것이다. 중요한 것은 미국은 자국에게 유리한 방향의 금리정책 결정을 내린다는 점이다. 미국이 유럽이나 아시아 등 다른 나라의 경제를 감안하여 금리를 올리거나 내리지는 않는다. '미국의, 미국에 의한, 미국을 위한 금리 결정'에 다른 나라들은 눈치를 보면서 금리를 정한다. 미국이 금리를 정하는 기준이 무엇인지 제대로 알아야 하는 이유다.

▎초저금리는 비교적 최근의 현상

먼저 미국의 과거 기준금리를 살펴보자. 한국은행 자료에 따르면, 1959년부터 2023년까지 미국의 평균 기준금리는 연 4.8% 정도였다. 2023년 6월 미국의 기준금리가 연 5.25%인 것을 감안하면 현재의 금리는 지난 60년간 기준금리의 평균보다 조금 높은 수준을 기록하고 있는 셈이다. 다시 말해서 역사적으로 현재의 기준금리가 그리 높은 상황은 아니라는 이야기다. 미국의 기준금리가 가장 높았던 시기는 1980년 12월로 당시 기준금리는 연 22%였다. 지금의 금리는 그때에 비하면 5분의 1 수준이다. 또 금리가 가장 낮았던 시기는 2008년 12월부터 2015년 11월까지의 기간으로 이때 미국의 기준 금리는 0.25%였다. 코로나19가 전 세계를 강타했던 2020년 3월부터 2022년 2월까지의 기준 금리도 0.25%를 유지했다. 2009년 1월부터 2023년 2월까지 최근 14년 동안 미국의 기준금리는 평균 0.79%였다.

▌미국 기준금리의 변동

미국의 기준금리가 최근 13년 동안 0%대를 유지했기 때문에 사람들 사이에서도 '0%대 금리'에 대한 공감대가 형성되어 있었다. 따라서 미국이 금리를 연 5.25%까지 공격적으로 인상하자 사람들은 깜짝 놀랐다. 0%대 금리에 맞춰 생활하던 사람들에게 연 5.25%는 엄청난 고금리이기 때문이다. 하지만 제2차 세계대전 이후 미국의 자본주의 역사를 살펴보면 0%대 금리가 오히려 예외적인 상황이었다. 미국의 지난

미국 기준금리 변화 추이

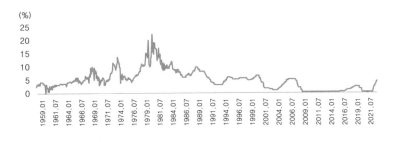

자료 | 한국은행

60년간 평균금리가 연 4.8%라는 점이 이를 잘 나타낸다.

그렇다면 미국 금리의 흐름은 어떻게 변화해왔을까? 1960년대 초반, 미국의 기준금리는 낮은 수준을 유지했다. 물가도 높지 않았고 실업률도 높지 않던 시기였다. 이후 베트남 전쟁 참전으로 자금 수요가 늘어나자 달러를 많이 찍어내면서 물가가 올랐고 1960년대 후반 미국의 기준금리는 9%대까지 올랐다. 물가가 오르면 기준금리를 올려 물가를 잡는 것은 그때나 지금이나 비슷하다. 당시 미국을 포함한 각국은 제2차 세계대전 후의 국제경제질서협정인 '브레튼우즈 협의'에 따라 금본위제를 실시하고 있었다. 이 협의는 미국 달러를 세계 기축통화로 결정하고 금1온스를 35달러의 가치로 연동했다. 이 체제 아래서는 어느 나라든 달러를 가져오면 미국은 금 1온스당 35달러라는 비율에 따라 금을 바꿔줘야 했다. 이때는 미국이 통화량을 맘대로 쥐락펴락하면서 세계 경제를 좌지우지하기 어려웠다. 금본위제가 미국의 자의적인 통화정책을 억제하는 역할을 했던 것이다.

미국이 달러 기축통화를 중심으로 한 금융 패권을 장악하게 된 시기는 1970년대였다. 미국은 1960년대 베트남 전쟁 비용 마련을 위해 달러를 너무 많이 찍어냈고 이 때문에 달러를 금으로 바꿔줄 수 없는 상황에 처했다. 그러자 1971년 미국의 닉슨 대통령은 달러를 가져와도 금으로 바꿔주지 않겠다는, 금태환 중지를 선언했다. 닉슨 쇼크로 달러에 대한 신뢰도가 약화되었고, 당시 미국은 10%를 넘는 물가 상승(그레이트 인플레이션)으로 어려움을 겪는 등 달러 체제가 크게 흔들렸다.

이때 미국이 달러 가치 안정을 위해 꺼내든 카드가 '페트로 달러'

다. 1974년 미국의 헨리 키신저 장관이 사우디아라비아를 방문해 미국-사우디 무역협정을 체결하면서 양국은 사우디아라비아가 앞으로 원유를 수출할 때 미국 달러만 받겠다는 약속을 했다. 이에 대한 대가는 미국이 사우디아라비아의 안보를 책임져주는 것이었다. 이를 계기로 달러는 금이라는 뒷배가 없이도 글로벌 기축통화의 지위를 유지할 수 있게 되었다. 이때부터 미국의 달러는 다른 나라의 통화와는 다른 특수한 지위를 누리게 되었으며, 미국은 통화정책을 통해 달러의 양을 줄이고 늘리면서 글로벌 경제를 쥐락펴락하기 시작했다. 전 세계가 이러한 미국의 정책에 큰 영향을 받았음은 물론이다.

▌스태그플레이션 탈출과 금리 인상

1970년대 미국이 물가 상승과 실업 증가가 동시에 발생하는 '스태그플레이션'에 빠지자 당시 폴 볼커 전 연방준비제도의장은 1980년 기준 금리를 연 22%까지 올리는 극약 처방을 통해 물가를 잡았다. 연 15%에 달하는 인플레이션을 잡지 않고서는 미국 경제가 안정적으로 유지가 될 수 없을 것이라는 판단 때문이다. 1970년대 두 차례에 걸쳐 국제 유가가 급등하는 '오일쇼크'와 미국의 공격적인 금리 인상으로 전 세계 경제는 큰 불황을 맞게 된다. 반면 미국 경제는 이를 계기로 안정되어 낮은 물가와 낮은 실업률 경제를 1990년대부터 이어가게 되었다. 이때 미국 금리는 5%를 전후로 움직이는 양상을 보였다.

그러다 2008년 미국의 서브프라임 모기지 사태가 발생했다. 미국의 금융회사들이 저금리를 기반으로 주택대출을 과도하게 늘려 형성된

인플레이션 억제를 위해 금리 인상을 발표하는 파월 연준의장. "미국의, 미국을 위한, 미국에 의한" 급격한 금리 인상은 각국 경제에 충격을 안겼다.

주식시장의 거품이 한꺼번에 터진 것이다. 금융회사들은 돈이 없어 아우성을 쳤고 리먼 브러더스라는 미국 5대 투자은행 중 한 곳이 이 사태의 여파로 파산하게 되면서 위기는 급속히 확산되어 미국 금융시스템이 마비될 상황이었다. 그러자 미국은 기준금리를 0.25%까지 파격적으로 낮춘데 이어 양적완화정책까지 내놓으면서 시중에 돈을 무제한으로 풀어 금융위기의 불씨를 껐다. 미국의 제로 금리정책은 2015년까지 지속되면서 전 세계 금리도 비슷한 수준까지 떨어졌다. 미국이 금리를 낮추는데 유럽, 일본, 아시아 등 다른 나라들이 굳이 고금리를 유지할 필요가 없었기 때문이다.

2015년 이후에는 제로 금리정책의 부작용을 극복하기 위해 미국이 조금씩 금리를 올리면서 세계 각국도 금리를 올리기 시작했다. 그러나 2020년 코로나19 사태가 터지며 경제가 마비되자 미국은 다시 제로 금리정책을 꺼내 들었다. 금리를 낮춰 소비와 투자를 진작시키고 정부의 지원금을 통해 미국 국민들을 보호하기 위해서였다. 다른 나라들도 코로나19 사태를 극복하기 위해 미국을 따라 제로 금리정책을 폈다. 이후 코로나19가 어느 정도 진정되자 이번에는 풀린 돈의 역습이 시작됐다. 시중에 너무 많이 돈이 많이 풀려 인플레이션을 자극하면서 미국의 물가상승률이 9%대를 넘어선 것이다. 인플레이션의 악몽이 시작되자 미국은 다시 금리를 매우 공격적으로 인상했다. 미국이 불과 1년 만에 금리를 5%p까지 올리면서 공격적인 긴축에 나서자 전 세계의 모든 기업·개인·국가가 미국 연준의 움직임에 촉각을 곤두세우고 미국을 따라가느라 힘들어하는 상황이 발생하고 있다.

미 연준의
'두 가지 목표'

%

제2차 세계대전 후 금리의 움직임을 이해하기 위해서는 미국 연준의 금리정책을 이해하는 것이 필수적이다. 미국 연방준비제도(FRB)와 연방공개시장위원회(FOMC)는 물가 안정과 완전고용Maximum Employment 이라는 두 마리 토끼를 동시에 잡아야 한다는 목표를 가지고 있다. 따라서 다른 나라 중앙은행과 달리 금리를 결정할 때 실업률, 취업자증가율, 실업보험청구건수, 임금상승률 등 여러 고용지표를 고려한다. 고용지표는 소비와 직결되기 때문에 경기 수준을 가늠할 수 있는 중요한 잣대이기도 하다.

미 연준과 달리 한국은행은 물가 안정을 핵심 목표로 하고 있고, 금융 안정을 부가적으로 고려하도록 되어 있다. 한국은행법 제1조 1항은 '효율적인 통화신용정책의 수립과 집행을 통해 물가 안정을 도모함으로써 국민 경제의 건전한 발전에 이바지함을 목적으로 한다' 그리고 2항은 '통화신용정책을 수행할 때는 금융 안정에 유의하여야 한다'고 한은의 목적을 규정하고 있다. 금융 안정에 대한 조항은 2016년 3월 한국은행법 개정 때 추가되었다.

전 세계 40여 개 주요국의 중앙은행이 통화정책으로 '물가 안정 목표제'를 채택하고 있다. 이들은 대부분 물가 안정 목표를 소비자물가지수 기준으로 2%를 제시하고 있다. 미국 연준도 2%가 목표치다. 한국은행을 비롯해서 일본·영국·호주 등 주요 국가들도 역시 동일하다. 물가 안정 목표제는 뉴질랜드가 1990년 처음으로 도입했고 우리나라는 1998년부터 시행하고 있다. 통화량이나 환율 등 중간 목표는 제시하지 않고, 오로지 물가 목표만 미리 공표한다.

물가 목표제의 장점은 구체적인 수치를 제시할 수 있어 정책 목표가 분명하고 소통이 쉽다는 데 있다. 0%가 아니라 2%를 제시하는 것은 0%를 목표로 할 경우 물가가 마이너스를 기록할 수 있고, 이는 자칫 디플레이션으로 이어질 수 있기 때문이다. 물가가 하락하는 상황이 지속된다면 소비 감소와 투자감소, 또 다시 이어지는 물가 하락으로 악순환에 휘말려 경제의 활력이 떨어지게 된다. 일본의 30년 장기 침체를 보면 이해할 수 있다. 물가가 소폭 오르고 경제성장률이 상승하면 전체적으로 경제의 활력이 유지되고 이로 인해 경제 주체들에게 긍정적인 마인드를 갖게 하는 이점이 있다.

미국이 금리를 결정할 시점에 주요 경제 지표를 보면 금리의 향방을 어느 정도 가늠해볼 수 있다. 가장 핵심적인 지표는 당연히 소비자물가지수로 에너지, 식료품 등을 제외한 상품과 서비스 가격을 대상으로 한 근원 개인소비지출(PCE) 물가지수를 참고한다. 유가는 가격변동이 심한 편이고 채소 등 신선식품 등은 가뭄이나 장마 등으로 인해 수급사정이 크게 바뀌거나 계절요인이 작용하므로 제외한다.

물가가 상승하면 임금이 덩달아 오르게 되고, 이는 기업의 원가 비용 상승으로 연결되어 제품 가격에 반영되고, 다시 물가 상승으로 이어지는 '임금 유발형 악순환wage push spiral'이 발생할 수 있다. 경기가 과열 국면에 접어들면 물가와 임금이 동시에 상승하는 결과를 빚게 된다. 고용이 호조를 보이는 가운데 물가가 목표치 내에서 움직이는 것이 가장 바람직한 모습이지만 이론적으로나 현실적으로나 실현되기 어려운 일이다.

미국은 다른 나라와 달리 고용지표를 중요한 판단 기준으로 삼는다. 그중에서도 실업률이 핵심지표다. 개인의 경제생활에 큰 영향을 주는 것이 일자리고 개인은 경제활동의 가장 큰 축을 차지하는 소비 주체다. 결국 미국 연준법에서 완전고용을 목표로 규정한 것은 금리 결정에 경기 여건을 반드시 고려하도록 한 조치인 것이다.

금리를 결정할 때 실업률이 중요하긴 하지만 이전 몇 달 동안의 경제 상황과 성장 전망치 같은 전체적인 흐름 역시 배제해서는 안 되는 요소다. 서비스업·제조업·건설업 등 민간 부문의 비농업 부문 취업자 수가 얼마나 되는지, 증가하는지 감소하는지도 고려해야 하는 것이다. 또한 매달 집계되는 신규 실업수당 청구자 수와 시간당 평균임금 상승률 등이 고용사정을 따져보는 데 활용된다. 구직자 수 대비 구인자 수 비율 등은 추세를 파악하는 데 도움이 된다.

만일 물가가 높은 수준을 유지하고 있는 가운데 고용 사정이 악화되고 있다면 선뜻 금리 인상을 하기가 힘들어진다. 반면 물가가 높은

수준에서 고용지표들이 호조를 기록하고 있다면 금리 인상을 할 때 제

약요인이 줄어들게 된다.

금리 놓고
시장과 줄다리기

%

미국 연방준비제도가 금리라는 지렛대를 활용해 글로벌 시장을 쥐락펴락하지만 늘 의도대로 시장이 움직여지는 것은 아니다. 시장은 시장대로 나름의 논리와 방식으로 대응방안을 찾아낸다. 동일한 경제지표를 두고 미 연준과 시장의 해석이 달라지곤 한다. 이때 시장과 미 연준이 맞서 줄다리기를 하고, 시장이 연준을 시험하기도 한다. 대부분의 경우 연준은 장기적으로 보고, 시장은 단기적이지만 기대를 담고 있는 경우가 많다.

시장 참가자들은 경제 금융지표가 발표되면 단기적으로 반응하기 마련이다. 증권시장에서 주식이나 채권 등을 거래하는 것은 시시각각 순간적인 판단에 따라 이뤄진다. 기간이 1년 이상인 중장기 펀드나 자산운용사들의 장기 투자도 있지만 시장에서 가격은 경제지표들이 실시간으로 반영되어 움직인다. 각종 선물 옵션 등 파생상품 시장 역시 단기 거래가 주로 이뤄진다. 따라서 시장은 금리 인상이든 인하든 금리 결정이 이뤄진다면 그 시점에 중점을 두게 된다. 또한 투자자들은 선제적으로 움직이는 경향이 강하다. 특히 주식시장은 호재나 악재가 나올 시점이 아니라 그 이전에 '선반영'되는 경우가 많다. 투자자들은 과거의 경험을 참고해서 재료가 등장하기 전이나 널리 알려지기 전에 미리 투자결정을 하려고 한다.

연준은 중앙은행으로서, 경제정책 전반을 아우르면서 중장기적 관점에서 판단하게 된다. 금리를 조정해서 물가 목표를 달성하는 것이 핵심이지만 2%라는 수치 자체보다는 흐름을 중시하게 된다. 예를 들어, 물가지수가 2% 중반에 들어섰다고 해서 연준이 단번에 금리 인상 기조를 늦추는 것은 아니다. 물가가 안정적인 국면에 접어들었다는 것이 다양한 지표로 확인되기 전에는 방향을 바꾸지 않는 경향이 있다. 정책이 오락가락해서 시장의 변동성이 커진다면 모든 경제주체들에게 부담을 주기 때문이다.

8~9%를 넘나들던 물가가 2% 선까지 낮아졌다면 시장 참여자들은 연준이 금리를 관망하거나 경기 여건을 고려해서 인하를 할 것이라고 예상할 수 있다. 하지만 시장의 기대와 달리 연준은 상당히 '완고한 자세'를 견지할 가능성이 높다. 1970년대 스톱앤고Stop and Go 정책으로 곤욕을 치렀던 연준은 물가 등 여러 지표들을 통해 인플레이션이 완전히 '진압'되었다는 확신을 갖게 되었을 때까지는 고금리정책을 이어나갈 것이기 때문이다. 스톱앤고 정책은 1970년대 미국의 '그레이트 인플레이션' 시대에 미 연준이 물가가 상승하면 긴축정책을 펼치다가 긴축으로 인한 경기 침체로 실업률이 높아지면 완화정책으로 대응하는

것을 되풀이했던 것을 말한다. 통화정책을 냉탕과 온탕으로 번갈아 시행하자 시장에서는 오히려 인플레이션과 기대 인플레이션이 서로 상승작용하면서 물가를 끌어올리는 악순환 고리를 만들어냈다.

미 연준의 판단이 늘 맞아떨어지는 것은 아니다. 가장 가까운 사례로 2021년 상반기 인플레이션에 대한 미 연준의 판단을 들 수 있다. 선진국은 물론 신흥국까지 인플레이션 압박이 증대되고 있었으나 연준은 이것이 코로나19의 영향으로 발생한 글로벌 공급망의 생산 병목과 보상소비로 인한 일시적 현상이라고 판단했다. 당시 국제통화기금(IMF) 역시 2021년 7월 발표한 세계경제전망(WEO)에서 글로벌 인플레이션 압력이 일시적인 수요 공급 불일치에 기인하므로, 중앙은행들은 기저요인이 명확해지기 전까지 통화긴축에 나서지 말 것을 권고했다. 미 연준과 IMF는 워싱턴 D.C.에 소재하고 있고, 글로벌 경제 전망이나 정책 방향을 긴밀히 소통하고 있어 비슷한 입장을 보인 것이다. 하지만 2021년 6월 미국 미시간대학교가 발표한 향후 1년간 기대 인플레이션은 이미 4.2%를 기록해 물가목표 2%보다 2배 이상 높아졌다. 미시간대의 기대 인플레이션 통계는 소비자가 예상하는 향후 1년간 상품과 서비스 가격 변동률을 토대로 작성되고 2주마다 예비치와 수정치로 발표된다. 6월 이후 매월 기대 인플레이션은 꾸준히 상승추세를 보였다. 이 때문에 시장에서 미 연준이 2021년 하반기 중에 통화긴축에 나섰어야 한다는 주장이 나왔고, 이는 곧 '실기론'으로 비화되었다. 미 연준은 2022년 3월 기준금리를 0.25%에서 0.50%로 0.25%p 인상하면서 금리 인상에 첫 시동을 걸었다. 곧이어 5월에 다시 0.50%p를 올린데 이어 2022년 6월부터 4회 연속 자이언트 스텝(0.75%p)을 밟았다. 하지만 인플레이션은 잡히지 않았고 실리콘밸리은행 파산 등 금융시장 불안이 초래되는 상황을 맞았다.

2023년 초반은 미 연준과 시장이 맞짱을 뜬 시점이었다. 이틀간 이어진 FOMC 회의를 마치고 2월 1일 파월 의장은 금리 인상폭을 0.25%p로 결정했다. 파월 의장은 "디플레이션(물가 하락)이 시작되었지만 금리 인상 기조를 유지해야 할 필요가 있다. 아직은 금리 인상 중단을 결정할 시점에 임박해 있지 않다"고 강조했다. 또한 그는 디플레이션이 아직 초기단계이며 노동시장을 악화시키지 않은 것은 다행스러운 일이라고 언급하기도 했다. 그리고는 금리 목표 범위의 인상 정도를 결정할 때 통화긴축의 누적, 통화정책이 경제활동과 인플레이션에 영향을 미치는 시차, 경제와 금융 상황을 전반적으로 고려하겠다고 말했다.

파월 의장이 이처럼 상세하게 금리정책 방향을 '매파' 성향에 무게를 두고 설명했지만 시장 참가자들의 생각은 달랐다. 시장은 2023년 1월 FOMC가 금리를 0.25%p 인상한 것을 두고, 금리 인상 속도가 늦춰지거나 아니면 적어도 상반기 중에 금리 인상이 마무리될 수 있다고 예상했다. 파월 의장이 2023년 연내에 금리를 인하하는 일은 없을 것이라고 강경한 입장을 보였지만 시장은 받아들이지 않는 편을 선택한 것이다. 시장은 그의 발언을 오히려 상당히 완화된 통화정책의 예고편으로 보는 쪽이었다.

일부 글로벌 투자은행 중에는 연중에 금리 인상이 마무리될 것이며, 빠르면 하반기 중에 아니면 적어도 연말이 되기 전에 금리 인하 쪽으로 방향을 바꿀 것이라는 피봇팅 관련 보고서를 내놓았다. 2023년에 경기 침체가 불가피하고 증시가 약세를 보일 것이라는, 2022년 연말 시장의 합치된 의견과는 사뭇 다른 해석이 나온 것이다. 불과 1달 만인 1월 한 달 동안 뉴욕 증시는 물론이고 코스피 등 주요 글로벌 증시는 10% 넘게 상승하며 '새해 랠리'를 이어갔다. 경제성장률이나 정책 금리 흐름에 대해서는 연준과 시장이 대체로 일치하지만 최종금리가 어느 수준일지 그리고 얼마 동안 유지될지에 대해서는 상당한 시차가 드러난 것이다. 그러나 주식시장의 상승 분위기는 미국의 물가와 고용지표가 하나씩 발표되면서 다시 냉각되었다.

2023년 2월 초 발표된 미국 고용지표는 실업률이 1969년 이후 최저인 3.4%로 하락하고 경제활동참가율은 62.2%로 높아져 모두 예상치를 넘어서는 호조를 보였다. 비농업부문 취업자수도 큰 폭으로 늘어났다. 그러나 이어서 2월 중순 발표된 미국의 1월 소비자물가지수와 근원 소비자물가는 전월에 비해 오름폭은 둔화되었으나 시장 예상치보다 높은 수치를 나타내 시장에 찬물을 끼얹었다. 이러한 지표들로 인해 연초 시장의 기대와 달리 연준의 금리인상 기조가 더욱 길어질 것이라는 쪽에 무게가 실리고 있다.

앞으로도 미 연준과 시장의 눈치 싸움과 힘겨루기는 주기적으로 되풀이될 것이다. 양쪽이 주목하는 경제지표는 동일하지만 지표를 해석하는 관점은 다를 수 있기 때문이다. 매년 3월, 6월, 9월에 경제전망이 발표될 때마다, 물가와 고용지표에 따라 방향을 두고 엇갈린 의견이 나타날 수 있는 것이다. 시장에서는 물가목표가 2%라고 하지만 반드시

2% 이하에 도달할 때까지 고금리를 유지하기보다는 2% 선으로 내려오면 경기를 고려해 유연한 대응을 해야 한다는 희망 섞인 기대를 보일 수도 있다. FOMC 회의 전에는 금리 결정을 놓고 시장과 신경전을 벌이고, 회의 결과가 나오면 다음 전망을 두고 또 다시 힘겨루기에 들어가는 상황이 되풀이된다.

시장 규칙을 파괴하는 미국

2008년 글로벌 금융위기 때 0%대의 전례 없는 제로 기준금리가 등장했다. 심지어 제로 금리만으로는 위기를 극복하기에는 부족하다는 듯이 양적완화에 온갖 유동성 공급 수단까지 동원되었다. 벤 버냉키의 '헬리콥터 머니'라는 용어가 모든 상황을 설명해준다. 갑작스러운 위기를 맞아 경기 침체를 방어하기 위해 마치 헬리콥터를 타고 돈을 뿌리듯이 달러를 풀어댄 것을 빗대서 나온 말이다. 통화정책 면에서 보면 새로운 상황이 전개되었다고 할 수 있다.

채권 매입 규모를 줄이는 조치, 즉 양적완화를 축소하는 테이퍼링 Tapering 과정에서 여러 신흥국들이 테이퍼 탠트럼Taper Tantrum(긴축발작)을 겪었다. 테이퍼링은 '점점 가늘게 하다'라는 의미인데 양적완화로 풀린 돈을 점진적으로 회수하는 것을 말하며, 채권 매입 규모를 줄이는 방식으로 진행된다. 그런데 버냉키 의장이 테이퍼링을 하겠다고 발표하고 난 후, 실제로 테이퍼링을 착수하기도 전에 신흥국 등에서는 금융시장이 경색되고 자산 가격이 급락하는 큰 혼란이 일어났다. 이를 테이퍼 탠트럼이라고 한다. 미국은 자국 중심으로 통화정책을 결정하지만, 그 영향력은 전 세계에 미친다는 점을 한 번 더 보여준 것이다.

글로벌 금융 패권의 본산인 미국에서 촉발되었다는 점에서 글로벌 금융위기는 미국의 입장에서 '글로벌 굴욕'이 아닐 수 없다. 신용등급이 낮은 서브프라임 대출을 묶어서 발행한 주택저당채권이 높은 신용등급을 받아서 거래되었지만 부동산 버블이 터지면서 줄줄이 부도 상태에 빠져들었다. 2008년부터 2011년까지 미국에서는 700만 채 이상의 주택이 압류당했고, 2010년에는 290만 채가 압류되었다. 2011년 3월에는 실업률이 8.8%에 달했으며, 리먼 브라더스가 파산하고 메릴린치, 베어스턴스 등 미국을 대표하는 월가 투자은행들이 인수합병되었다. 미국에서 시작된 글로벌 위기는 미국에서 끝난 것이 아니라 전 세계를 한바탕 혼란 속으로 몰아넣었다.

미국 연준은 2008년 1월 3.0%였던 기준금리를 그해 12월에 0.25%로 낮췄다. 이렇게 미국발 금융위기로 시작된 제로 금리 시대는 2015년까지 지속되었다. 그러나 제로 금리만으로는 위기 대응에 한계를 느끼자 양적완화Quantitative Easing(QE) 정책 또한 발동했다. 대공황 전문가인 벤 버냉키 연준 의장은 대규모 양적완화라는 새로운 금융대책을 내세우면서, 결국 미국의 달러 패권을 되살렸다. 과거 대공황 때 통화긴축이 은행 파산으로 이어져 실물경제까지 무너뜨렸다는 것이 여러 연구를 통해 지적되었다. 따라서 버냉키 의장은 부실화된 은행과 증권회사, 보험사 등을 건전한 금융회사에 합병하거나 공적자금을 투입해 금융이 돌아가게 했다.

미 연준은 세 차례에 걸쳐 유동성을 풀었다. 1차 QE(2008.11~2010.3)에서 장기국채 3,000억 달러와 주택저당채권 1조 2,500억 달러 등을 매입했고, 2010년 11월 2차 QE 때는 6,000억 달러를 찍어내 장기국채를 사들이겠다고 발표했다. 3차 QE(2012.9~2014.10) 때는 장기국채 7,900억 달러, 주택저당증권(MBS) 8,230억 달러를 추가로 사들였다. 저금리를 유지해 미국 기업의 투자를 유도하고 이자 부담을 줄여 소비를 촉진하기 위한 다목적 카드였다. 또한 달러 가치를 하락시켜 미국 기업의 대외 경쟁력을 높이는 효과도 고려한 조치였다.

▌ 양적완화와 대공황

양적완화(QE)는 정책금리를 통해 여러 가지 경로로 시장금리에 영향을 미치는 것이 한계에 달하자 나온 정책이다. 중앙은행이 국채를 사들이면 자금에 여유가 생긴 은행들이 대출을 늘리게 되고, 기업들이 투자에 나서는 효과를 볼 수 있다. 그러나 이는 시장 왜곡이나 물가 상승 압력으로 작용하기도 한다. 따라서 버냉키 의장은 2013년 5월이 되어 어느 정도 경제 여건이 안정되고 경제가 침체 국면에서 벗어나는 조짐을 보이자 자산매입 규모를 줄여나가겠다고 밝혔다. 양적완화 축소 또는 양적긴축(QT)을 의미하는 이 정책이 바로 테이퍼링이다. 양적완화를 지속해 저금리 기조가 장기화되면 자산시장에 거품이 생길 수 있기 때문에 조치를 취한 것이다.

테이퍼링 과정에서 신흥국들은 다시 금융 불안에 빠졌다. 과도하게 풀린 달러가 신흥국에 흘러갔다가, 양적긴축으로 미국으로 되돌아 갈 가능성이 높아지자 여러 신흥국들에서 금융경색이 발생한 것이다. 당시 인도 중앙은행 라구람 라잔 총재는 미국 연준의 일방적인 정책으로 국제 통화정책 공조가 깨졌고 신흥국의 위기를 외면하는 것은 또 다른 금융위기의 시발점이 될 수 있다고 비판했다. 하지만 미국은 신흥국들의 문제는 그들이 금융시장 과열 억제나 경상수지 건전화, 물가 안정 등을 해결하려고 노력하지 않아서 생긴 일이며, 뿌린 대로 거둔 것이라고 반박했다. 비정상을 정상화했을 뿐이라는 것이다.

그러나 양적완화 시기에 미국에서 풀린 유동성이 신흥국으로 유입되어 자산버블이 생긴 것 역시 사실이다. 게다가 양적완화를 축소하겠다는 발표로 글로벌 시장에서 신흥국들의 환율이 급등했고 자산 가격이 급락해 경제 전반에 큰 충격을 주었다. 미국의 모든 결정은 미국을 중심으로 돌아가고, 미국 경제를 우선해서 통화정책을 정한다는 점은 어느 시기에나 마찬가지였다. 1970년대 초, 미국 재무부 장관 존 코널리가 "달러는 우리의 통화지만 당신들의 문제다"라고 말한 데서 잘 드러난다. 달러를 찍어내는 양이나 금리는 미국의 사정에 따라 결정할 테니 다른 나라들은 '잘 알아서' 대응하라는 얘기다. 언제나 느끼는 일이지만 현실은 냉정하다.

미국 정부는 2008년 9월 AIG 등 보험회사는 물론 GM·포드·크라이슬러 등 빅3 기업에까지 구제금융을 지원하는 조치를 취했다. 자동차 회사에까지 공적자금을 투입한 것은 미국을 상징하는 제조업의 기반일뿐더러 대규모 고용 불안이 가시화되면 위기 극복이 더욱 어려워

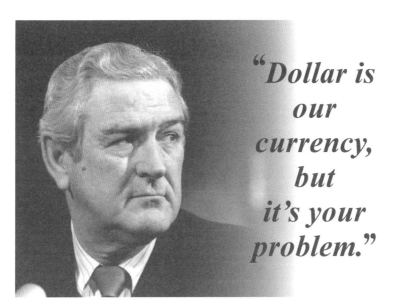

"Dollar is our currency, but it's your problem."

닉슨 행정부 때 재무장관을 지낸 존 코널리는 이렇게 말했다.
"달러는 우리의 통화지만 당신들의 문제다."

질 수 있다는 점이 크게 작용했다. 물론 개인과 기업의 구조조정과 디레버리징(부채 축소)도 강도 높게 진행되었다.

미국의 글로벌 금융위기 대책은 우리나라를 비롯한 아시아의 많은 나라들이 뼈를 깎는 고통을 겪어야 했던 아시아 외환위기 때의 해법과는 달랐다. 외환위기가 터졌을 때 우리나라는 한때 20%를 넘는 초고금리 긴축정책을 펼쳐 온 국민이 허리띠를 졸라매야 했다. 이후로 30여년 동안 두 자릿수 금리는 거의 볼 수 없었다. 1998년의 20%대 금리와 1달러당 2,000원을 넘보는 초고환율은 지독한 금융긴축 정책과 허약한 경제기초 그리고 신용 추락의 결과였다. 국제통화기금이 제시한 금융과 기업 구조조정 프로그램은 미국이 국제기구를 앞세워 우리나라와 아시아 국가들을 '길들이기' 한 것이 아니냐는 주장이 나오기도 했다. 미국이 한편으로는 재무부와 연준 등이 대응하고, 다른 한편으로는 IMF 등 국제금융기구들을 움직여 아시아 금융위기에 대처했던 장면은 미국의 금융 패권이 어떻게 작동하는지 여실히 보여주었다. 다만 2008년 미국이 촉발한 글로벌 금융위기 해법으로 벤 버냉키가 '헬리콥터 머니' 정책을 폈던 것과 대비되면서 일부에서 이중 잣대라는 비판이 제기되기도 했다.

미국 정치와
금리

%

미국이 금리를 결정할 때 '아메리카 퍼스트', 즉 자국우선주의를 중심으로 한다는 점은 분명하다. 미국은 연준법에 따라 물가 안정과 금융 안정 그리고 다른 나라와 달리 완전고용을 이뤄내야 하는 명시적인 목표를 갖고 있다. 그렇다면 미국은 과연 경제적인 면만 따져서 금리 결정을 해왔을까? 국제정치와 외교, 국가 간 대결구도와 진영 등도 고려하지 않았을까?

미국은 중요한 국면에서든 위기의 순간에서든 어느 시기에서나 미국 경제에 도움이 되는 방향으로 금리를 인상 혹은 인하하는 결정을 내렸다. 동맹국이나 신흥국이 금융 불안에 휘말리거나 어려움을 겪거나 별로 개의치 않았으며, 필요하다면 모든 수단을 동원해서 미국 경제를 살리는 데 초점을 두었다. 아무런 협의 없이 갑자기 금본위제를 버렸고, 글로벌 금융위기 때는 마이너스 금리로 부족해서 양적완화라는 신무기까지 꺼내 들었다. 이 모든 과정이 미국 경제를 더욱 강하게 했으며, 이는 곧 달러 기축통화를 통한 금융 패권의 강화로 이어졌다. 미국은 달러 체제에 대한 도전에 대해서는 강력한 응징으로 한치의 틈을 허용하지 않았다. 아주 자그마한 시도일지라도 달러 체제에 악영향을 줄 수 있는 여지가 있다면 초기에 싹을 잘라버렸다고 할 수 있다.

▌금리 인상을 무기로 사용

미국 연방공개시장위원회(FOMC) 회의에서 논의가 어떻게 진행되고 있는지는 주기적으로 공개되는 의사록에 비교적 자세하게 나와 있다. 금리 조정 회의를 마치고 나면 연준 의장이 발표문과 기자회견을 통해 시장과 소통한다. 하지만 공식 회의에서 나온 발언만으로는 모든 것을 알 수 없는 법이다.

미국의 금융권은 월가와 은행권, 재무부와 연준, 학계 그리고 다시 월가 등으로 회전문처럼 돌아간다. 금융 분야 리더들이 재무부에서 연준으로, 월가나 은행권으로 자리를 옮기고 다시 되돌아가는 식이다. 벤 버냉키 의장이나 재닛 옐런, 전 의장과 뉴욕 연준 총재를 지낸 티머시 가이트너 등이 대표적이다. 이들의 경력과 활동 내용을 살펴보면 의사 결정 구조에서 어떤 논리가 적용되어 진행되고, 어떻게 미국의 국익을 반영하는지 가늠해볼 수 있다.

2022년부터 이어지는 미국의 공격적인 금리 인상은 중국을 겨냥한 다목적 카드라는 주장이 있다. 미국이 중국을 겨냥해 구사하는 '경제적 통치술economic statecraft'의 하나라는 것이다. 미국의 국채를 대규모로 보유하고 있는 중국은 금리 인상으로 가만히 앉아서 큰 손실을 입게 되었다. 중국은 지속적으로 미국 국채 보유량을 줄여왔지만 여전히 규모가 가장 많은 편이다. 중국의 외환 보유고는 3조 1,845억 달러다 (2023년 1월 말 기준). 이중 미국의 국채가 8,594억 달러로, 지속적으로 미국 국채는 줄이고 대신 금 비중을 늘렸다. 중국의 금 보유량은 6,512만 온스로 달러로 환산하면 1,200억 달러 상당이다. 2022년 5월에 중국의 미국 국채 보유 규모는 12년 만에 1조 달러 이하로 떨어졌고 이후 지속적으로 감소했다. 중국 관영 영자신문인 《차이나데일리》는 미국 연준의 고강도 통화긴축 정책이 미국 국채 값 하락을 초래했고 금융 취약성을 높여서 달러 자산의 매력이 떨어졌다고 전했다. 언론 통제와 조정이 확실하게 이루어지는 중국에서 관영언론이 보도한 내용은 당국의 입장이라고 봐도 무방하다. 중국이 미국 국채를 시장에 매각하면 달러 유동성이 풀려서 인플레이션 압력으로 작용하게 되므로 이 보도는 달러 입지를 약화시키려는 의도가 담겼다고 볼 수 있다.

공격적인 금리 인상으로 미국 국채 값은 큰 폭으로 떨어졌다. 미국 국채는 가장 수요가 많은 글로벌 무위험 안전자산으로, 신흥국들이 외환 보유고에 가장 많은 비중으로 편입해두고 있다. 따라서 중국뿐만 아니라 신흥국들 역시 큰 손실을 떠안게 됐다.

시진핑 집권 3기에 들어서면서 중국 당국은 '공동 부유'를 슬로건으로 내세워, 경기 부양에 집중하고 있다(2023년 5% 성장률 목표를 제시했다). 기준금리와 지급준비율이라는 두 가지 정책 수단을 통해 경기 활성화와 경제성장을 시도하려는 중국의 입장에서 미국의 금리 인상은 큰 걸림돌이다. 중국이 독자노선으로 금리정책을 펼치려고 해도 미국의 통화정책을 고려하지 않을 수 없는 입장이다. 글로벌 금융시장에서는 미국이 압도적인 주도권을 갖고 있기 때문이다. 중국은 이렇다 할 맞대응 카드가 없어 기술과 산업 전쟁 못지 않게 미국의 금융 패권이 중국을 곤경에 빠뜨리고 있다.

중국은 트럼프 대통령이 높은 관세율 부과로 중국에 대한 직접적인 견제 조치를 취한 이래 미국의 공세에 맞서기 위해 다양한 대응방안을 모색했다. 그 결과 내수를 활성화해 수출과 내수 두 축으로 경제를 운영히겠다는 '쌍순환' 경제대책을 추신해왔다. 플랫폼 빅테크 분야에서 미국의 FAANG(페이스북, 아마존, 애플, 넷플릭스, 구글)에 맞서 BATH(바이두, 알리바바, 텐센트, 화웨이)를 구축한 것도 같은 맥락이다. 정부와 공공 부문 차원에서 신산업 분야인 전기차, 드론 개발 등을 적극적으로 지원해 세계 1위를 선점했으며, 디지털 위안화와 국경 간 결제 시스템(CIPS) 등은 달러 금융 패권에 대한 일종의 도전이라고 할 수 있다. 숙원인 위안화 국제화가 지지부진함에 따라 디지털 세상에서라도 위안화의 입지를 선점하겠다는, 중국의 야심찬 전략이다. 그러나 글로벌 금융시장에서 중국 금융 비중은 아직은 걸음마 수준이다.

2012년 9월 서울에서 열린 세계지식포럼에 참석한 자리에서 래리 서머스 전 미 재무장관은 "위안화가 기축통화로 자리잡는 데는 오랜 시간이 걸릴 것"이라고 말했다. 그는 "세계적으로 높은 삶의 수준을 누리지 않는 나라의 통화가 기축통화가 된 적은 역사상 한 번도 없다"면서 중국이 G2 국가로 부상한 것과는 별개로 위안화가 기축통화가 되지는 못할 것이라고 전망했다.

이 발언은 중국이 자체적인 한계를 갖고 있을 뿐만 아니라 미국이 다양한 견제 수단을 보유하고 있다는 점을 시사하는 것으로 들린다. 서머스 전 장관은 2023년 4월 〈블룸버그〉와의 인터뷰에서도 위안화가 기축통화가 될 수 있는지에 대한 질문에 "가능성이 없다"고 잘라 말했다.

미국의 경제학자들과 관료들은 달러 패권이 가진 파워를 워낙 잘 알고 있고 또한 잘 활용하고 있다. 미국은 현재 글로벌 경제 질서를 유지하고 금융시장을 작동하는 바탕이 되는 달러 패권에 대한 도전은 어떤 방법을 동원하든지 반드시 막아내려고 한다. 위안화의 도전은 그래서 아주 어려운 길이고, 달러-위안화 대결은 끝을 모르는 장기전이 될 전망이다.

▎ 미국의 통화정책과 국제정치

러시아에 대한 금융제재는 러시아가 크림 반도를 병합했을 때 시작되었고, 우크라이나 침공 때는 SWIFT 결제망에서 러시아 민간은행들이 배제되었다. 공교롭게도 중국·인도·러시아 등은 외환 보유고가 많은 나라들이다. 경제 규모가 크기도 하지만 과거 위기 경험을 바탕으로 미국의 경제 금융제재에 대응하기 위한 안전판으로 외환 보유고를 많이 쌓아두고 있었던 것이다. 이들은 대체로 미국과 적대적이거나 점차 맞서는 쪽으로 선회하는 나라들이다.

미국이 셰일가스 생산으로 세계 1위 산유국이 된 후로는 중동에 대한 관심이 예전 같지 않아졌다. 오랜 맹방이자 우방국인 사우디아라비아와의 관계도 냉랭해졌다. 인권을 중시한 바이든 대통령이 2022년 빈

살만 왕세자를 만나 회담을 했지만 관계가 호전되지는 못했다. 이런 와중에 2023년 3월 중국의 중재로 베이징에서 아랍권의 앙숙인 수니파 맹주 사우디아라비아와 시아파 맹주 이란이 화해의 손을 잡았다. 사우디아라비아 역시 외환 보유고에 미 국채를 많이 보유하고 있는 나라다. OPEC 리더인 사우디아라비아는 지속적으로 탈석유전략을 추진 중이다. 뉴욕 증시에 상장된 아람코는 2023년 6월 현재, 애플과 마이크로소프트에 이어 시가총액 3위를 차지하고 있다.

미국은 오늘날뿐만 아니라 과거에도 여러 나라 경제에 영향력을 발휘했다. 1980년대 일본이 세계 1위 경제대국을 꿈꾸던 시절, 미국은 1985년 9월 플라자합의를 이끌어냈다. 그후 일본은 연이은 국내 정책 실패와 실기로 인해 다시는 과거의 활력을 되찾지 못했다. '잃어버린 10년'이 '잃어버린 30년'으로 이어지면서 장기간 지지부진한 상황으로 빠져들었다. 엔 강세와 달러 약세를 통해 국제 경쟁력을 확보하려는 미국의 전략에 일본이 말려든 것이다. 그 이전에는 1971년 8월 금환본위제를 대통령 긴급명령으로 갑작스럽게 중단한 '닉슨 쇼크'로 유럽에 큰 충격을 던졌다. 그 이면에도 역시 유럽 국가들을 새로운 체제 속에 묶어두려는 미국의 의도가 있었을 것으로 추정해볼 수 있다.

▎미국의 다양한 금융 무기들

미국은 금리뿐만 아니라 다양한 금융 무기들을 보유하고 있다. 무디스, S&P 같은 글로벌 신용평가회사는 한 나라의 신용을 뒤흔들어 놓을 수 있고, 비자카드와 마스터카드는 전 세계 지급결제망을 양분하고 있다.

미국을 기반으로 한 글로벌 은행과 월가 금융투자회사 등은 금융정책을 맡고 있는 규제당국과 밀접하게 연계되어 움직인다. 심지어 유럽에서 수장을 맡는 국제통화기금과 미국이 이끄는 세계은행 그리고 자금세탁방지기구 등 다양한 국제금융기구에서 미국이 주도권을 갖고 있는 것은 주지의 사실이다. 신용평가회사와 글로벌 카드사를 비롯한 국제금융기구들은 언제든지 미국의 편에 서서 칼을 휘두를 준비가 되어 있다. 방향이 잡히고 표적이 정해지면 보이는 듯 아닌 듯 물밑에서 소리 없이 움직인다.

이들은 '글로벌 스탠더드'라는 잣대를 내세운다. 과거에는 어느 나라든 맞서기보다는 굴복하는 쪽을 택했다. 그러나 이제는 중국이 앞장서서 맞서고 있고 러시아·인도·사우디아라비아 등도 목소리를 높이기 시작했다. 미국이 마음먹은 대로 세계 경제를 휘두르기가 까다로워진 것이다. 그러나 금융에 있어서만큼은 미국이 아직 압도적인 파워를 확보하고 있다. 금리는 신통한 요술 방망이처럼 세계 경제를 꿰뚫는 가장 강력한 무기다. 오늘날 세계 정세를 볼 때, 미국이 이 절대 무기를 쓸 가능성이 점차 높아지고 있다. 세계 경제의 큰 흐름을 보면 앞으로 10년에서 30년 정도는 지금까지 겪어보지 못한 새로운 국면이 전개될 것으로 예상된다. 기득권자인 미국과 도전자인 중국의 맞대결은 갈수록 치열해질 것이다. 앞으로의 글로벌 금융시장은 이러한 구도 속에 휘말려 돌아갈 것임을 짐작할 수 있다.

지금까지 미국 연방준비제도에서 미국 우선주의를 내세워 금리 결정을 했는지, 아니면 다른 요인을 많이 고려했는지 그 내막을 제대로 알기 어렵기 때문에 판단을 유보할 수밖에 없다. 하지만 분명한 것은 앞으로의 금리 결정은 오로지 경제 변수만 고려하기보다는 국제 정세 흐름과 정치외교적 관계를 동시에 고려해야 한다는 것이다. 따라서 시장 참가자들이나 경제 주체들은 다양한 요인들을 종합적으로 판단해야 정확한 의사결정을 할 수 있게 되었다. 경제는 경제, 정치외교는 정치외교만으로 풀어갈 수 없고, 모든 것이 복합적으로 얽혀서 상호 작용하는 시대를 맞이하게 된 것이다.

미국은
고금리 시대 열어갈까

앞으로 미국의 기준금리는 어떻게 될까? 코로나 위기로 촉발된 높은 인플레이션이 꺾이지 않고, 불확실성이 높아져만 가는 상황에서 미국의 통화정책은 새로운 시험대에 섰다. 글로벌 거시경제 환경과 경제 외적인 여건을 종합적으로 고려하면 미국이 고금리정책을 주도할 것으로 전망된다. 고비용 구조가 물가 상승을 유발하고 있고, 점차 정착되고 있어, 미국 연준이 금리를 내리기 어려울 것으로 예상된다. 더불어 불안정한 글로벌 정세 또한 통화정책에 부담을 주고 있다.

미국이 처한 구조적 비용 상승 환경

미국은 구조적으로 비용 상승 요인을 떠안고 있다. 글로벌 공급망 재편속에서 추진해온 리쇼어링(제조업의 본국 회귀)이나 프렌드쇼어링(우방국가와의 공급망 구축) 등의 산업정책은 기업의 생산비를 높인다. 미국 기업을 본토에 복귀시키는 리쇼어링은 미국 내 제조업 기반을 구축할 수 있는 장점이 있지만 현재 미국은 완전고용 수준의 실업률을 보이고 있어 임금 상승은 정해진 수순이다. 이민자 유입을 막고 있고, 외국인 취업에 까다로운 조건을 부과하고 있어 더욱 그렇다. 미국 내 정치사회적 분위기를 고려할 때 공화당이든 민주당이든 미국 우선주의는 더욱 강해질 것이다.

글로벌 통상과 국제 분업은 각국이 유리한 분야를 중심으로 생산하고 수출입을 통해 상호 이득을 얻도록 해준다. 오랫동안 중국에서 수입된 값싼 소비재는 미국인들에게 생활의 편의를 세공했고 물가를 억제하는 데 큰 역할을 했다. 국제무역기구(WTO) 체제로 대표되는 시장경제와 자유무역은 오랫동안 글로벌 통상을 확장하고 선진국과 신흥국을 포함한 전 세계 경제를 점진적으로 성장시키는 바탕이 되었다. 그런데 이제는 미국의 선택이 달라졌다. 전방위로 확산되는 미중 대결에서 미국은 공세적인 정책을 강화하고 노골적으로 중국 포위전략을 펼치고 있다. 미국은 칩4 동맹(미국, 한국, 일본, 대만을 포함한 반도체 협력체)과 3국 연합인 오커스(AUKUS: 오스트레일리아, 영국, 미국), 인도태평양경제프레임워크(IPEF) 등의 진영을 구축하면서 중국 봉쇄에 돌입했다.

중국은 자유무역을 기치로 내세우면서 미국을 보호무역주의라고 비난하고 있다. 또한 중국 역시 중동·아프리카·중남미 등을 끌어들여 진영을 구축하여 포위를 뚫는 전략을 진행 중이다. 시진핑 주석은 중앙아시아와 아세안 국가들과 협력관계를 강화하고, 아프리카 그리고 태평양 섬나라들과도 정상회의를 했다. 또한 시 주석은 사우디아라비아를 방문해 대형 프로젝트를 공동으로 추진하겠다는 이례적인 행보도 보이고 있다. 중동의 맹주인 사우디아라비아는 페트로 달러(오일 달러)로 묶여온 미국의 가장 중요한 아랍 우방국이었으나 중국의 중재로 앙숙인 시아파 맹주 이란과 손을 잡는 등 중국과 우호적인 관계를 이어가고 있다. 시 주석은 2023년 3월 우크라이나와 전쟁 중인 러시아를 방문해 푸틴 대통령과 회담을 했다. 중국은 러시아·인도·브라질·남아프리카공화국을 아우르는 브릭스(BRICS)를 끌어들여 위안화 국제화 등에 활용하려고 하는 것으로 보인다. 그리고 상하이협력기구와 아시아인프라투자은행(AIIB), 신개발은행(NDB) 같은 중국이 주도하는 국제금융기구도 창설했다.

공급망 재편 과정에서 전 세계적인 탈세계화·분절화 흐름이 더욱 가속화될지, 아니면 소강 상태로 접어들지는 알 수 없는 일이다. 그러나 어느 쪽으로 움직일지에 따라서 글로벌 비용 상승 구조가 정착될지, 또는 어느 정도 완화될지 가늠해볼 수는 있다. 미중 대결 국면은 장기간 지속되고 가열될 가능성이 높다. 하지만 두 나라의 경제적 관계가 밀접하기 때문에 극단적인 대립은 상호간에 큰 손실로 이어질 수 있어 '봉합'이 이뤄질 수 있다는 전망도 있다.

▌미국 금리정책 관전 포인트

단기적으로 보면 우크라이나 전쟁과 중국의 리오프닝 정책은 금리 결정에 큰 영향을 미칠 것이다. 러시아와 우크라이나는 세계 농산물 수출에서 큰 비중을 차지하는데, 우크라이나 전쟁 등으로 인해 석유와 가스 등 에너지와 원자재, 농산물 가격이 크게 올랐다. 우크라이나 전쟁은 교착상태에 빠져 오래 이어질 가능성이 높다. 러시아의 공세로 수세에 몰린 우크라이나가 유럽 등의 중재로 협상에 나서거나, 우크라이나가 미국이나 유럽 등 나토의 전폭적인 지원 속에 러시아를 곤경에 빠뜨려 승기를 잡는 시나리오가 있었으나 지지부진한 상태다. 우크라이나 전쟁은 미국과 유럽, 일본 등이 한 진영으로 결속하고, 러시아와 중국이 밀착하는 방식으로 국제적인 분쟁 속으로 빠져들고 있다.

중국의 리오프닝 정책은 '양날의 칼'이다. 세계 경제에서 차지하는 비중이 워낙 높은 중국의 기업 생산과 투자, 소비 등이 활성화되면 글로벌 경제 성장에 긍정적인 요인이 될 것이라는 기대감을 준다. 반면 중국 경제가 정상화되면 유가 등 글로벌 에너지 가격을 끌어올리고, 광물 등 원자재와 식품 등의 수요가 증가해 인플레이션을 유발하게 될 우려도 있다. 에너지와 원자재 가격이 상승하면 미국 등에 수출되는 중국산 제품 가격이 오르게 되고 미국 내 소비자물가지수가 높아지거나 적어도 낮추는 데 제약요인이 된다.

중장기 요인과 단기 변수들을 종합적으로 판단해본다면 미국 기준금리가 4~5% 대에서 상당 기간 유지될 가능성이 높다. 미국 내 여러 경제지표들이 쉽게 잡힐 것 같지 않기 때문이다. 한 마디로 요약한다면 미국이 고금리 시대로 접어들었다고 보인다. 고금리 국면에 진입한다면 쉽게 금리를 낮출 수 있는 여건이 만들어지기까지는 오랜 시일이 걸린다. 물론 돌발적인 경제·정치 이벤트가 생기거나, 금융이나 기업 쪽에서 대형 사건이 발생한다면 상황은 얼마든지 바뀔 수 있다. 미국 중소형 은행들이 추가로 파산 또는 부실화되고, 글로벌 금융시장의 불확실성이 높아지면 금리 향방이 달라질 수 있다. 특히 미국이 지금까지와는 다른 방식으로 금리정책을 펼친다면 완전히 다른 문제가 되는 것이다.

2023~2024년까지 미국 연준이 펼쳐 나갈 통화정책의 관전 포인트는 다음 3가지다.

첫째, 기준금리를 어느 수준까지 올릴 것인가?

둘째, 금리 정점을 찍은 수준에서 얼마나 오래 유지될 것인가?

셋째, 언제쯤 금리 인하로 전환할 것인가?

FOMC는 회의가 열리기 전에 여러 가지 경제지표들을 면밀히 점검하고 분석한 다음 위원들의 의견을 반영해서 다수결 방식으로 금리를 정하는데, 연준이 목표로 잡고 있는 2% 선으로 물가가 떨어질 때까지 금리 인상을 지속할 것으로 보인다. 글로벌 공급망 재편에 따른 비용 상승 요인이 해소되려면 오랜 시일이 걸릴 수 있고, 아예 비용 구조 자체가 높아진 상태 그대로 유지될 가능성도 있다. 다음으로 중요한 변수는 고용 지표의 움직임이다. 실업률이 완전고용 수준인 3.5% 내외에 상당 기간 머물게 된다면 미 연준은 경기 침체에 대한 우려를 접어두고 물가 잡기에 더욱 과감하게 나설 수 있게 된다. 물가 상승은 개인과 기업 등 모든 경제 주체들에게 가장 큰 부담을 준다. 민생 경제를 챙긴다는 취지에서도 그렇고, 2024년 11월 대선을 앞둔 시점에서 물가 잡기는 가장 중요한 정책 목표가 될 것으로 보인다.

한편에서는 물가 안정 목표를 유연하게 대응해야 한다는 주장이 나온다. 2%라는 목표에 너무 집착하여 경직적인 통화정책을 펼치다 보면 한쪽에 치우친 의사결정으로 경제 전반에 문제를 야기할 수 있다는 논리다. 꽤 일리가 있지만 아직까지는 소수의견일 뿐이다. 물가 목표를 달성하기 힘들다고 해서 목표 자체를 변경하게 되면 축구에서 골대를 옮기는 것이나 다름없다는 반론도 있다. 한번 잃어버린 신뢰는 회복하기까지 아주 힘든 과정을 거치게 된다. 따라서 물가 목표 자체를 수정하는 방식은 좋은 해결책이라고 볼 수 없다. 다만 물가 목표는 그대로 둔 채 실물경제와 금융시장, 국내외 경제 여건 등을 두루 살피는 유연성은 발휘해도 좋을 것이다.

미국 연준은 완전고용, 물가 안정과 함께 금융 안정을 동시에 고려해야 한다. 금융시장이 흔들리면 실물 부문에 더 큰 피해를 주기 때문이다. 금융시장이 불안해지면 기업들은 투자를 회피하거나 미루고, 유동성 확보에 나서게 된다. 전통 금융권과는 거리가 있지만 미국 암호화폐 거래소 FTX 파산이나 실리콘밸리은행(SVB) 예금지급정지 사태 역시 금융 안정을 해치는 요인으로 금리 결정에 영향을 주게 된다. 따라서 미국 재무부는 불안을 해소하기 위해 주요 은행들의 재무안정성이 높다고 강조하고 SVB예금은 모두 지급을 보장하겠다고 발표했다. 또한 스위스중앙은행이 나서서 부실화된 크레디스위스은행(CS)과 UBS은행의 합병을 성사시키는 등 금융시장의 불안을 잠재우기 위해 노력했다. 그러나 금융시장은 워낙 민감하게 움직이기 때문에 앞으로 어떠한 돌발사태가 터질지 우려되는 상황이다.

Chapter
6

미국에 휘둘리는
글로벌 금리

한미 금리차와
경제정책

%

시장에 뭘 사러 갔을 때 미국산 제품이 우리나라에서 만든 것보다 질도 좋고 가격도 싸다면 그 물건을 선택하는 것이 인지상정이다. 한두 번은 우리나라 기업을 사랑하는 '애국심'으로 미국산 제품을 외면할 수는 있겠지만 매번 시장에 갈 때마다 같은 환경이라면 미국산에 눈이 갈 수밖에 없다. 따라서 우리나라 기업이 살아남기 위해서는 제품의 질을 향상시켜 비싼 값을 받거나 그럴 수 없다면 가격을 내리는 것이 맞는 방향이다. 금융시장이라고 해서 별반 다르지 않다. 금융시장에서 가장 많이 유통되는 상품은 채권이다. 우리나라에서 발행한 채권이 미국에서 발행한 채권보다 값도 비싸고 질도 떨어진다면 우리나라 채권에 투자할 투자자들은 줄어들 수밖에 없다.

채권의 '질'로 평가되는 대표적인 지표는 국가의 신용도다. 신용도가 높다는 것은 그만큼 채권을 발행해 돈을 빌린 국가나 기업이 돈을 갚지 못할 가능성이 낮다는 의미다. 2023년 6월 현재, 국제 신용평가회사인 무디스가 평가한 미국의 국가신용도는 평가 지표 중 가장 높은 수준인 'Aaa' 등급이고, 우리나라의 국가신용등급은 미국보다 두 계단 낮은 'Aa2'다. 국가신용도로만 본다면 미국이 찍어낸 국채의 질이 우리나라의 국채보다 좋은 셈이다. 채권 값은 금리로 표시되는데, 금리가 높을수록 채권 값은 싸진다. 채권 값의 기준은 중앙은행이 정하는 기준금리로, 기준금리는 만기 7일 이내인 초단기 채권의 금리로 활용되며, 이에 따라 만기 1년, 2년 등 중장기 채권의 금리도 결정된다. 2023년 6월 미국의 기준금리는 연 5.25%, 한국은 연 3.5%다. 신용도가 높고 기준금리도 1.75%p나 차이가 난다면 미국 채권에 자금이 몰리는 것은 어쩌면 당연한 일일 것이다.

실물시장과 원리는 비슷하지만 금융시장은 조금 더 복잡하다. 채권에 투자할 때는 가격, 신용도와 함께 경제 상황, 향후 경기전망, 정책 방향 등도 고려 대상이 된다. 이런 변수들에 따라 채권 값이 큰 폭으로 변할 수 있기 때문이다. 이런 점 때문인지 과거 사례를 보면 미국이 우리나라보다 금리가 높더라도 투자자들이 곧바로 우리나라 채권을 던지고 미국 채권으로 갈아타지는 않았다. 1990년대 이후 우리나라와 미국의 기준금리가 역전된 시기는 총 4번 있었다. 1999년 6월부터 2002년 2월까지 21개월 간, 2005년 8월부터 2007년 8월까지 25개월 간, 2018년 3월부터 2020년 2월까지 24개월 간 등이다. 그리고 2022년 7월부터 현재(2023년 6월 기준)까지 우리나라와 미국의 기준금리가 역전된 상황이 지속되고 있다. 이 기간들을 제외하고는 우리나라의 기준금리가 미국보다 항상 높았다.

한국은행에 따르면 처음 금리가 역전된 기간인 1999년 6월~2002년 2월 동안 외국인들이 순매수 기준으로 우리나라 주식을 41억 달러 팔았다. 반면 우리나라 채권은 209억 달러어치 사들였다. 둘을 합치면 우리나라 증권시장에 168억 달러의 외국인 자금이 순유입된 것이다. 우리나라와 미국의 금리 역전으로 돈이 해외로 빠져나갈 것이라는 예상과는 반대의 움직임을 보인 것이다. 두 번째 금리 역전 기간(2005년 8월~2007년 8월)에 외국인들은 주식을 568억 달러 순매수했고 채권은 263억 달러 순매도했다. 세 번째 기간(2018년 3월~2020년 2월)에는 주식을 487억 달러 순매수, 채권은 84억 달러를 순매도했다. 모든 기간에서 주식과 채권을 합한 증권시장에 자금이 순유입되는 현상을 보였다. 자본 유출이 본격화하지 않으면서 달러당 원화 값도 비교적 안정적이었다. 첫 번째 금리 역전 기간 월평균 달러당 원화 환율은 1,160원, 두 번째 기간에는 평균 963원, 세 번째는 평균 1,142원 등이었다.

이번에는 무엇이 다른가?

2022년 7월부터 이어지는 금리 역전 상황에서 각종 경제지표와 주변 상황을 살펴보면 몇 가지 염려스러운 부분이 있다. 먼저 역전 규모와 기간이 과거보다 크고 길다. 2023년 6월 우리나라와 미국의 기준금리 차이는 1.75%p로 사상 최대치를 기록했다. 과거 금리차가 가장 컸던 시기는 2000년 5월부터 2000년 9월까지로 4개월 동안 1.5%p만큼 벌어졌다. 미국을 제외한 주변 국가와의 금리차도 과거보다 벌어졌다. 과거 세 차례 한미 금리가 역전됐을 때 우리나라 기준금리는 유럽, 캐

한미 금리 역전 시기별 경제지표 비교

기간	99.06 ~2022.02	2005.08 ~2007.08	2018.03 ~2020.02	2022.07 ~2023.05
환율 [원, 월 평균]	1,160	963	1,142	1,325
무역수지 [억 달러, 월평균]	13.1	14.1	72.5	-58.5
경기	상승-하강-상승	상승국면	하강국면	하강국면
경제성장률 [분기 평균]	10.5	5.3	2.4	1.7
소비자 물가상승률 [월 평균]	2.7	2.3	0.9	4.95
외국인 주식 순매수 [억 달러]	-41	568	487	141
외국인 채권 순매수 [억 달러]	209	-263	-84	62.5

나다 등 다른 선진국보다는 높았다. 하지만 이번에 우리나라 기준금리는 유럽(4%), 캐나다(4.75%)는 물론 영국(4.5%), 호주(4.10%)보다도 낮다. 스위스(1.5%)와 일본(-0.1%) 정도만 우리나라보다 낮은 기준금리를 유지하고 있다. 우리나라와 미국의 금리 역전 기간도 과거보다 장기화될 가능성이 높다. 과거 한미 금리 역전은 우리나라 통화정책보다는 미국의 기준금리 인상에 의해 발생했고 미국의 금리 인하를 통해 해소됐다. 이번에도 상황은 비슷하다. 우리나라가 현 수준의 금리를 유지한다

면 미국이 1.75%p 이상 금리를 낮춰야 한미 금리 역전 현상이 해소될 수 있다. 그러나 미국 경기와 고용 상황이 호조세를 보이면서 미국 금리 인하의 시점이 늦춰질 것으로 예상되고 있어 한미 금리 역전 기간은 과거 20~24개월보다 길어질 것으로 보인다.

금융시장 주변을 둘러싼 여건도 과거보다 좋지 않다. 가장 먼저 눈에 띄는 것은 무역수지다. 과거 세 차례 한미 금리 역전 기간에 우리나라 무역수지는 월평균 13억~70억 달러 정도의 흑자를 기록했다. 실물 부분에서 달러 유입이 계속 있었던 셈이다. 반면 이번 금리 역진 기간(2022년 7월~2023년 5월)에는 월평균 58.5억 달러의 적자를 기록하고 있다. 실물 부분에서 달러 유출이 계속 발생하는 상황에서 한미 간 금리가 사상 최대 수준으로 역전되면 작은 충격에도 외환·금융시장이 크게 휘둘릴 수 있다. 거시경제 지표도 우리 경제의 발목을 잡고 있다. 첫 번째 금리 역전기 우리나라의 분기별 평균 성장률은 10.5%, 소비자물가상승률은 월평균 2.7%를 기록했다. 1998년 국제통화기금 위기로 성장률이 급락했던 것에 대한 반작용으로 성장률이 급등했다. 두 번째 금리 역전기의 분기 성장률은 평균 5.3%, 물가상승률은 2.3%였고 세 번째 역전기에는 분기 성장률 2.4%, 소비자물가상승률 0.9%였다. 하지만 이번 기간에는 분기별 경제성장률 1.7%, 소비자물가상승률 4.95%를 기록 중이다. 역대 한미 금리 역전 기간 중 성장률은 가장 낮고 물가상승률은 가장 높다. 무역수지는 연일 적자를 기록 중이고 성장률은 하락, 물가는 고공행진을 벌이면서 거시경제 환경이 최악인 상황에서 미국과의 금리차까지 최대로 벌어진 것이다. 이 같은 상황을 반영해 달러

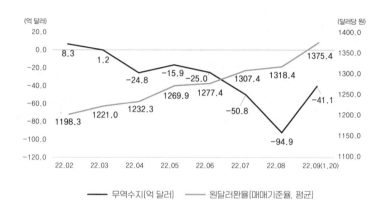

무역수지와 원달러 환율 추이

(억 달러) 20.0 / 0.0 / −20.0 / −40.0 / −60.0 / −80.0 / −100.0 / −120.0

(달러당 원) 1400.0 / 1350.0 / 1300.0 / 1250.0 / 1200.0 / 1150.0 / 1100.0

8.3   1.2   −24.8   −15.9   −25.0   1307.4   1318.4   1375.4   −41.1

1198.3   1221.0   1232.3   1269.9   1277.4   −50.8   −94.9

22.02   22.03   22.04   22.05   22.06   22.07   22.08   22.09(1.20)

—— 무역수지(억 달러)   —— 원달러환율(매매기준율, 평균)

자료 | 한국은행

당 원화 값도 떨어져 환율이 1,300원을 오르내리는 상황이다.

경기 흐름도 유리하지 않다. 통계청이 발표하는 경기동행지수 순환변동치를 기준으로 평가한 경기 진행 국면을 살펴보면 첫 번째 금리 역전기에는 경기가 상승-하강-상승을 반복하는 역동적인 국면이었다. 두 번째 금리 역전기에 경기는 완연한 상승 국면이었다. 하지만 세 번째와 현재 경기는 하강 국면이다. 경기가 상승할 때는 주식시장이 호황을 보이고 이를 기대한 외국인 주식 투자자금이 유입되는 경우가 많다. 하지만 경기 하강 국면에서는 주식 투자자금의 적극적인 유입을 기대하기 힘들다. 그렇다고 채권 투자자금이 유입될 것을 기대하기도 힘든 상황이다. 미국이 한국보다 훨씬 금리가 높기 때문이다. 과거에는 '한

무역수지 적자와 환율 상승, 그리고 한미 금리의 역전 현상은 우리 경제에 매우 위험한 적신호를 보낸다.

미 금리 역전 → 환율 상승 → 무역수지 흑자·경기회복 → 외환시장 안정'이라는 일종의 선순환 고리가 형성됐던 반면 지금은 '한미 금리 역전 → 환율 상승 → 무역수지 적자·경기침체 → 환율 추가 상승 → 자본 이탈 심화'로 이어지는 악순환 고리가 형성될 가능성도 있는 것이다.

 게다가 경제학 이론을 적용해봐도 결론은 비슷하다. 대체로 금리는 물가상승률과 경제성장률의 합 정도에서 움직이는 것이 상식적이다. 국제통화기금(IMF)은 2023년 미국의 경제성장률 전망치를 1.6%, 우리나라는 1.5%로 전망했고, 소비자물가상승률은 미국이 4.5%, 우리나라는 3.5% 오를 것으로 내다봤다. 이를 감안하면 1년 만기 국채 기준으로 미국의 금리는 대체로 6.1% 안팎, 우리나라는 5% 안팎을 보이는 것이 상식적이다. 우리나라와 미국의 금리가 역전된 것은 이런 상식과도 맞지 않는 것이다.

세상 친절한 금리수업

과거의 사례를 보면 한미 금리 역전의 원인은 전적으로 미국의 통화정책에 따른 것이었다. 한 마디로 미국이 우리보다 빨리 금리를 올리면서 한미 간 금리 차이가 확대됐고 또 기준금리를 빨리 내리면서 금리가 정상화됐다. 결국 미국과의 금리가 역전되는 기간 동안 우리나라가 할 수 있는 것은 별로 없었다는 이야기다. 우리나라의 입장은 그저 미국의 금리정책을 기다리는 '천수답' 같은 신세였기 때문이다. 우리나라는 경제 상황은 물론 국가신용도와 이에 따른 국내 자본유출까지 걱정해야 하는 상황이어서 기준금리를 정하는 방정식이 복잡할 수밖에 없다. 우리나라와 미국의 금리가 역전되고 그 차이가 커지면 우리나라에 빌려준 투자 자금은 미국으로 이동한다. 이 과정에서 원화 값은 떨어져 환율은 올라가고 금융시장은 충격을 받을 것이다. 특히 무역수지 적자가 지속되고 경기가 둔화 국면에 있을 때는 한미 금리 차이에 따른 자본이동 가능성이 더 높아진다. 우리나라의 금리정책은 미국을 따라가긴 하지만 이렇게 딜레마에 처할 때도 있다. 2023년이 꼭 그런 상황이다.

흔들리는
달러 패권

미국에서 태어나는 순간 두 가지로부터 해방된다. 하나는 특별한 경우가 아니고서는 외국어를 배울 필요가 없다는 것과 환율 걱정을 안 해도 된다는 것이다. 미국 학교에서 중국어와 스페인어 등을 가르치기는 하지만 우리나라 사람들이 영어를 배우면서 느끼는 스트레스에는 비할 바가 아니다. 상당수의 미국 학생들은 "다른 나라 사람들이 영어를 배우고 있는데 우리가 그들과의 의사소통을 위해 외국어를 배울 필요가 있을까?"라는 생각을 하게 되는 것이다.

환율도 마찬가지다. 세계 각국은 매일 미국 달러와의 교환 비율인 환율을 체크하고, 환율 변동 폭이 너무 크면 미국의 눈치를 보며 대책에 몰두한다. 그러나 미국은 그럴 필요가 없다. 달러가 통용되지 않는 나라가 거의 없는데 굳이 복잡하게 다른 나라 통화와의 교환 비율을 계산기로 두드릴 필요가 없다. 이처럼 '영어와 달러'는 미국을 지탱하는 두 축이다.

세상 친절한 금리수업

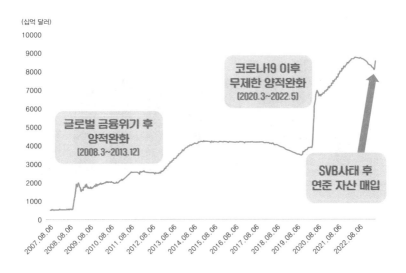

자료 | Fed

그런데 2023년 들어 이중 한 축인 달러가 흔들리고 있다. 경제적 징후는 3월에 뚜렷하게 나타났다. 실리콘밸리은행(SVB) 사태로 촉발된 은행 위기는 미국 국채도 위험할 수 있다는 것을 보여줬다. 미국 연방준비제도가 기준금리를 올려 미국 국채 값이 급락하자 미국 국채를 대량으로 보유하던 SVB는 큰 손실을 봤다. 여기에 불안감을 느낀 예금자들이 돈을 찾으러 은행으로 달려가는 '뱅크런'이 발생했고 은행은 결국 문을 닫았다. 이 파장은 스위스와 독일 등 유럽으로 이어졌다. 미국을 비롯한 각국 정부가 나서 급한 불은 껐지만 여진은 이어지고 있다.

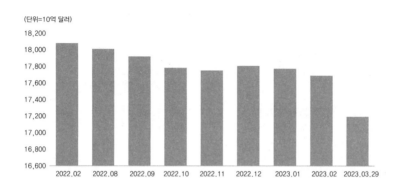

줄어드는 미국 상업은행 예금

(단위=10억 달러)

미국 연방준비제도에 따르면 미국 내 상업은행에서 3월 한 달 동안 5,000억 달러에 달하는 예금이 빠져나갔다. 예금자들의 불안감이 계속되면서 언제 어느 은행이 문을 닫을지 모르는 상황이다. 이번 위기는 미국이 대외변수인 환율로부터는 해방될 수 있지만 대내변수인 국채 가격에서는 자유로울 수 없다는 것을 보여줬다.

미국 국채가 은행 위기의 시발점이었지만 그 이면에는 달러가 있다. 미국 국채는 달러와 동전의 양면이라고 할 수 있다. 미국 연준은 국채를 시장에 팔고 사면서 달러의 양을 조절한다. 미국 국채의 신뢰도가 떨어져 국채 값이 하락하고 국채 금리가 오르면 미국 연준은 시장에서 국채를 사들여 가격을 안정시킨다. 연준은 국채를 구입할 자금을 마련하기 위해 달러를 찍어낸다. 그 과정에서 시중에 달러가 너무 많이 풀려 달러 값이 떨어지고 물가가 오르면 연준은 다시 국채를 팔고 달러를 사들여 통화가치를 안정시킨다. 이렇듯 미국 국채와 달러는 서로를 의지하고 적절한 균형을 모색하면서 공생하는 관계다.

▎양적완화의 부메랑

이러한 공생 관계에 균열이 생긴 것은 2008년 금융위기 때부터다. 당시 리먼 브러더스의 파산으로 촉발된 금융위기가 경제를 강타하자 이를 막기 위해 연준은 양적완화(QE) 정책을 내놓고 달러를 마구 찍어내 이 달러로 국채를 사들였다. 이로 인해 시장에서 미국 국채는 씨가 말랐고 달러는 과도하게 넘쳐났다. 미국 연준의 대차대조표에서 연준의 주요 자산은 미국 국채와 주택저당증권(MBS) 등 각종 채권이며, 부채는 연준이 찍어내는 달러다. 달러를 찍어내 시장에서 채권을 사는 방식으로 돈을 공급하면 연준의 자산은 늘어난다. 연준 자산은 글로벌 금융위기 전인 2007년 8월에는 8,650억 달러 정도였으나, 양적완화 정책 후인 2015년 7월에는 4조 5,000억 달러를 넘어섰다. 8년 새 5배가 넘는 수준까지 자산이 폭증한 것이다.

연준이 이 정도로 돈을 풀면 시중에 달러가 넘쳐나고 높은 인플레이션으로 이어지는 것이 상식적이다. 하지만 당시 미국 소비자물가상승률은 1~3%대에 그쳤다. 달러의 마법이 일어났기 때문이다. 연준이 돈을 풀었을 때 미국 물가가 올라 달러 값이 떨어진다면 돈을 푼 의미가 없다. 하지만 미국이 달러를 찍어내면 이 달러는 다른 나라들이 상당 부분 소비해주게 되어 있다. 한국은행 통계에 따르면 한국·중국·일본·영국 등 주요 39개국의 외환보유고가 2007년 4조 9,619억 달러에서 2013년에는 9조 490억 달러로 2배가량 늘었다고 한다. 미국 달러와 국채가 해외에서 외환보유고로 소비되면서 세계적으로 달러 수요가 급증한 것이다. 미국은 천문학적인 돈을 풀었지만 이 돈의 상당 부분이 해외로 흘러가면서 미국 내 물가는 안정되었다. 기축통화라는 '달러의 힘' 덕분에 미국은 물가 부담 없이 돈을 풀어 금융위기에서 벗어날 수 있었다.

하지만 과하면 부족함만 못하다는 과유불급은 미국에도 적용된다. 미국 연준의 달러에 대한 자신감은 2020년 코로나19로 인한 경제위기 때도 반복됐다. 코로나19로 경기 침체가 심해지자 미국 연준은 2020년 3월 '무제한 양적완화'를 선포하며 자산을 대폭 늘리고 돈을 풀었다. 연준의 자산은 2020년 1월 4조 1,736억 달러에서 2년 후인 2022년 3월에는 8조 9,000억 달러로 4조 7,300억 달러 폭증했다. 증가폭은 2008년 금융위기보다 훨씬 컸다. 하지만 이때 미국 주변 상황은 2008년 글로벌 금융위기 때와 달랐다.

2008년에는 연준의 돈 풀기가 물가 상승으로 이어지지 않았지만 2022년에는 돈을 푼 지 2년 만에 물가가 연 9% 넘게 치솟았다. 양적완화의 속도가 빨랐던 것도 원인이지만 보다 근본적으로는 2008년 이후 찍어낸 돈의 양이 누적되어 미국 경제가 감당할 수 없을 만큼 늘어났기 때문이다. 미국 외 다른 나라들도 2008년 금융위기 때처럼 외환보유고를 공격적으로 늘리지 않았다. 외환보유고가 이미 포화상태로 늘어났고 무분별하게 찍어내는 달러에 대한 불신도 커졌다. 39개국의 외환보유고는 2020년 10조 2,478억 달러에서 2021년에는 10조 7,173억 달러로 4,700억 달러 늘어나는 데 그쳤다.

2022년에 이들 국가의 외환보유고는 9조 9,167억 달러로 전년보다 8,006억 달러 감소했다. 미국과 대립하는 중국이 미국 국채를 공격적으로 팔았고 우방국인 일본도 외환보유고를 1,780억 달러 줄였다. 외환보유고를 둘러싼 각국의 입장 변화는 미국이 달러를 마구 찍어내자기 나라 경제를 살리는 것이 어느 정도 한계에 다다랐음을 보여준다. 오히려 각국이 외환보유고를 줄이는 과정에서 미국 국채를 팔고 달러

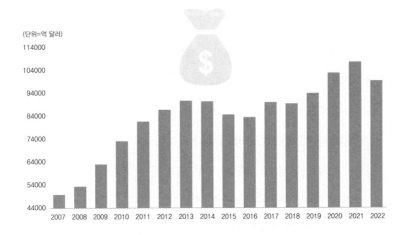

주요국(39개 국가) 외환보유액 변화

(단위=억 달러)

자료 | 한국은행

자산을 줄이면서 국채 값과 달러 가치 하락을 부추기는 상황으로 이어지고 있는 것이다.

2023년 3월 SVB 사태는 이런 분위기에 기름을 부었다. SVB 사태로 미국 국채는 대표적인 안전자산으로서의 지위가 크게 손상됐다. 세계 각국이 미국 국채를 던지고 금이나 대체자산을 사들이는 경향도 강해졌다. 이 와중에 미국 연준은 이중적인 태도로 신뢰도 하락을 부추겼다. 연준은 기준금리를 올려 인플레이션을 막겠다고 발표했지만 사실상 뒤로는 시장에서 미국 국채를 사들이면서 돈을 풀었다. 미국 연준 자산은 2023년 2월 말 8조 3,420억 달러였지만 3월 말에는 8조 7,337억 달러로 4,000억 달러 증가했다.

달러 가치 안정을 위해서는 인플레이션을 잡아야 하지만 금융시장 안정을 위해서는 국채 값을 잡아야 하는 것이 연준의 딜레마다. 이러지도 저러지도 못하는 사이 미국 안팎에서 달러의 인기가 떨어지면서 달러에 대한 수요 역시 줄고 있다. 위기의 양태는 2008년과 2020년이 달랐고, 2023년도에는 완전히 변하고 있지만 매번 돈을 풀어 사태를 해결하려는 연준의 행태는 바뀐 것이 없다. 이에 대한 실망감도 커져가고 있다.

국제 관계도 미국 달러에 불리하게 돌아간다. 대표적으로 미국 달러를 지탱해왔던 '페트로 달러'의 지위가 흔들리고 있다. 사우디아라비아가 중국과의 위안화 무역 결제 범위를 넓혀갈 움직임을 보이면서 페트로 달러의 지위를 위협하고 있는 것이다. 페트로 달러가 붕괴된다면 달러 가치 안정에 치명적인 악영향을 미칠 것임은 자명한 일이다.

이처럼 달러의 위기를 예고하는 국제적 분위기가 형성되고 있지만,

달러의 위기가 미국 금융시스템 위기로 쉽게 이어지지는 않을 것으로 보인다. 달러의 위기가 오면 미국 정부가 나서서 응급 처치를 하면서 시간을 벌 것이다. 그리고 미국 내 금융사들이 전 세계에 퍼져 있는 달러를 소환하고, 이 과정에서 몇몇 나라가 희생양이 된다. 문제는 미국이 일으켰는데 피해는 다른 나라들이 입는 것이다. 냉혹한 국제금융질서의 논리다. 몇몇 나라에서 달러가 집중적으로 이탈할 것이고, 대응 능력이 떨어지는 국가는 국가 부도로 이어진다. 이것은 선진국도 예외가 아니다. 독일, 영국 등 유럽 국가는 물론 일본도 달러 패권의 희생양이 된 적이 있다. 따라서 달러의 이탈과 이에 따른 경제 위기로 공포감이 고조되면 각국은 다시 달러 확보에 나선다. 그러면 달러 수요는 늘어나고 달러 값은 다시 오른다. 이렇게 달러의 위기는 타국으로 전이되고 미국의 달러 패권은 한층 강해지는 것이다.

현재 각국 정부는 달러 위기가 전이되는 것을 차단하는 데 정책의 초점을 맞추고 있다. 2023년 3월 8일에 실리콘밸리 인출 사태가 발생한 이후 4월 10일까지 한 달 동안 10년 만기 국채수익률 변화를 살펴보면 각국의 대응 양상을 볼 수 있다. 미국, 독일, 스위스 등 은행 위기의 징후를 겪은 나라들의 국채 금리는 10% 이상 떨어졌다. 각국 정부가 나서 국채를 사들이면서 금리를 낮추고 국채 값을 올린 결과다. 반면 멕시코, 대만, 브라질 등 신흥국들의 국채 금리 하락폭은 5% 이하로 선진국들과 대조를 이뤘다. 아직 달러의 위기에 따른 파장이 신흥국까지 확산되지는 않고 있는 것으로 보인다. 하지만 달러 위기의 불똥이 언제 어떤 나라로 튈지는 예상하기 어렵다. 이 때문에 글로벌 금융시장은 언제 터질지 모를 폭탄을 안고 있는 것처럼 긴장감이 높아지고 있다. 2008년과 달라진 세계 경제 상황과 달러 패권에 의지해 경제위기를 해결하려는 미국식 해법이 어떤 결과를 가져올지 주목된다.

미국 따라가는
유로존

%

유럽 주요 국가들이 속한 유로존의 통화정책은 대체로 미국과 동조화하는 경향을 보인다. 유럽은 미국과 정치·경제 체제가 거의 동일하고, 경제를 운용하는 방식이나 금융 부문에서 밀접하게 연결되어 있기 때문이다. 유로 단일 통화체제를 채택한 유로존은 각 나라의 통화정책을 유럽중앙은행(ECB)에서 주도하고, 금리와 환율 등이 외부에서 정해진다는 점에서 독특한 구조를 보여준다. 회원국은 ECB가 제시하는 기준에 따라 재정정책과 물가 관리, 경상수지 등 거시정책을 펼치게 된다.

최근 유로존은 글로벌 공급망 재편과 병목현상, 러시아의 우크라이나 침공으로 가장 큰 타격을 입었다. 가스와 원유 등 에너지 가격이 급등하고 농산물 물가가 크게 올랐다. 2022년 9월의 물가상승률은 10.0%로 두 자릿수로 치솟았고 8~9% 선에서 오르내렸다. 중기적 물가 목표 2%에 비하면 4배 이상 높은 수치다. 물가 상승 요인들이 단기적으로 해소되기 어려운 여건이어서 유로존의 금리 인상 기조는 쉽게 꺾이지 않을 것으로 보인다.

　인플레이션 국면에서도 노동시장은 양호한 상태다. 유로존 실업률은 코로나 위기 이전에는 7% 초반에서 코로나19 영향으로 8%대로 높아졌으나 2022년 12월에 6.6%로 사상 최저치를 기록했다. ECB가 추가로 금리 인상을 단행하는 데 고용지표는 별다른 영향을 주지는 않을 것으로 보인다. 산업 부문에서는 임금 인상 요구가 강해지고 있어 물가를 자극할 가능성에 주목하고 있다. 인플레이션이 임금 인상으로 이어지고 다시 물가 상승으로 되풀이될 수 있기 때문이다. 인건비 비중이 높은 서비스업 분야에서 임금 인상은 물가에 더 큰 영향을 주고 한번 오른 임금은 쉽게 내리지 않는다. ECB는 2023년 6월 상업은행에 빌려줄 때 적용하는 기준금리를 3.75%에서 4.0%로 인상했다. 2022년 7월 유럽 재정위기 이후 11년만에 처음으로 올렸고, 여덟 차례 연속으로 금리인상을 이어갔다.

▎유럽연합과 유로존의 탄생

유로존은 형성 과정에서부터 복잡하게 얽혀 있는 이해관계를 조정하면서 등장했다. 역내 경제관계를 확장시켜온 유럽국가들이 유럽연합 출범에 합의한 것은 1990년 독일 통일이 결정적 계기가 되었다. 독일은 제1차 세계대전과 제2차 세계대전을 일으켜 유럽은 물론 전 세계를 전쟁의 소용돌이에 빠져들게 했다. '강력한 독일'은 지역의 평화에 크나큰 위협이 될 수 있다는 공감대가 유럽연합을 출범시키는 촉매제가 된 것이다.

　유럽연합은 1991년 합의한 마스트리히트 조약에 따라 1993년에 독일을 포함해 프랑스·이탈리아·스페인 등 12개 국가로 출발했다. 이 조약은 경제와 통화통합, 공동외교와 안보 사법과 내무분야 협력이라는 기조 아래 제도적 틀을 제시했다. 소련 붕괴 이후 동유럽 국가들을 받아들이고 영국이 2020년에 탈퇴해 회원국은 27개국이다. 나중에 발칸 반도에 속한 나라들이 여러 나라로 쪼개졌고 이 나라들을 회원국들로 단계적으로 받아들인 것 역시 유럽의 화약고 발칸 반도를 안정화해야 한다는 의지가 반영되었다. 유럽연합은 행정부 격인 집행위원회와 유럽의회 그리고 금융을 맡은 유럽중앙은행(ECB) 등으로 구성되었다. EU 본부와 의회 등은 브뤼셀에 자리잡았고, ECB은 유럽의 금융중심지로 꼽히는 독일 프랑크푸르트에 본사를 두고 있다

유로존은 1999년 유럽연합 회원국 11개국이 만든 단일통화체제다. 당시 15개 회원국 중에서 영국과 덴마크, 스웨덴은 여론의 반대로, 그리스는 요건을 맞추지 못해 가입하지 않았다. 2023년 6월 기준 27개 유럽연합 회원국 중에서 유로존에 가입한 나라는 20개국이다. EU 집행위원회가 제시하는 가입요건은 물가·재정·금리·환율 등 거시경제지표를 안정적으로 운영하는 것이다. ECB는 정책이사회, 집행위원회, 일반이사회 등으로 구성된다. 통화정책은 집행위원회 위원 6명과 12개국의 중앙은행 총재들로 구성된 정책이사회에서 다수결로 결정하고 집행위원회는 실행하는 역할을 한다. 투표권은 각국의 GDP 비중에 따라 경제적 가중치를 부여하고 ECB 총재는 2표를 행사한다. ECB 통화성책의 목표는 물가 안정에 초점이 맞춰져 있다.

유로존은 역내 국가들이 단일 통화를 사용함에 따라 경제활동의

현재 20개 유로존 회원국은 개별 통화를 쓰지 않고 모두 '유로'화로 통일했다. 이에 따라 유로존 내 국가 간 금리 격차는 축소되었다.

편리성이 높아졌다. 유로존에 가입하지 않은 EU 회원국과 비회원국들이 협약을 맺고 유로를 채택하거나 자국 통화와 복수로 유로 사용을 허용한다.

1970~1980년대 여러 유럽 국가들이 높은 물가 상승으로 어려움을 겪었고, 포르투갈·그리스·이탈리아 등은 20%가 넘는 높은 인플레이션을 경험했다. 그러나 1999년 이후 유로존 물가는 2%선을 유지해 목표치에 근접하는 성과를 거뒀다. ECB가 물가 안정을 중시하고 회원들이 2% 기준을 맞추기 위해 물가 인상을 억제한 덕분이었다. 더불어 역내에서 가격체계가 투명해지고 일물일가의 법칙이 작동했다. 동일한 물건이라면 어느 나라에서나 동일한 화폐인 유로로 가격표시가 되기 때문에 비교가 쉽게 이루어져 가격을 부풀리기 어려워졌다.

장기 인플레이션에 대한 기대 심리가 낮게 나타나고, 이로 인해 금

세상 친절한 금리수업

리 수준이 낮게 유지됨에 따라 기업들이 신규투자에 필요한 자금조달에 도움을 받았다. 유럽 내 저소득 국가들은 낮은 금리로 유로화를 조달할 수 있게 되었다. 핀란드·이탈리아·포르투갈·스페인·그리스 등은 개별 통화를 사용할 때에 비해, 유로존에 가입함에 따라 낮은 금리로 국채와 회사채 등을 발행할 수 있게 되었다. 각 나라의 기초경제 여건과 무역수지, 물가 등 지표가 종합적으로 반영되어 국채 금리는 나라별로 다소 차이가 있다. 유럽 경제를 이끌고 있는 독일 국채 금리가 가장 낮고 다른 나라 국채 발행 금리가 더 높게 형성된다. 다만 개별 통화를 사용하던 때와 비교하면 유로존 내 국가 간 금리 격차는 축소되었다. 여기에다 환리스크가 줄어들고 국경 간 거래비용이 크게 감소하는 이점이 있다. 또한 유로존에 가입한 회원국 사이에 금융서비스 수요와 공급이 자유로워지면서 역내 금융시장의 통합이 가속화되었다.

▍유럽의 재정위기와 유로존의 한계

그리스의 디폴트 위기는 유로존 체제의 한계를 노출시켰다. 단일 통화로 인한 장점이 많긴 하지만 한 나라의 위기가 유로존 전체로 전이될 수 있고, 나라별로 금리와 환율 정책을 펼 수 없다는 점이 큰 약점으로 드러난 것이다. 유로존 출범 당시 요건을 갖추지 못했던 그리스는 나중에 가입했지만 국가 부채 데이터를 하향 조작한 것으로 밝혀졌다. 1981년부터 30년 가까이 이어진 포퓰리즘 복지정책으로 국가재정이 파탄상태에 빠져 있던 그리스는 2001년 유로존에 가입하기 위해 요건을 맞춰야 했고, 낮은 금리로 국채를 발행해 국가 부채를 메워나갔다.

그러나 조달한 자금을 투자와 인프라 구축, 구조개혁에 사용하기보다는 복지지출과 소비에 활용해 재정부실을 개선하지 못했고, 결국 2008년 글로벌 위기로 직격탄을 맞았다.

그리스에 이어 소위 PIIGS라고 불리는 포르투갈·아일랜드·이탈리아·스페인 등 남유럽 국가들 또한 연이어 재정 부실이 드러나 유럽 재정위기를 촉발했다. 한때 유로존 붕괴 위험까지 거론되었지만 대규모 유럽재정안정기금(EFSF) 투입으로 진정되었다. 유럽연합은 회원국이 나라별로 통화정책을 펼칠 수 없으므로 유럽중앙은행이 조율해야 한다. 그리스 구제금융과 채무조정안을 놓고 협상이 이루어지는 과정에서 독일과 프랑스 등 중부유럽 국가들과 재정사정이 불안정한 남유럽 국가들 사이에 불신이 증폭되었다. 게다가 유럽연합의 양대 축인 독일과 프랑스가 이해관계 차이로 인해 합의에 이르지 못해 한때 유로화 붕괴 논란을 불러일으키기도 했다.

한 나라의 환율 변동은 조기경보 기능을 갖고 있고, 대외불균형이 자동으로 조율되는 과정을 거치게 된다. 만일 자국 화폐를 보유하고 있다면 경상수지 적자가 커지거나 국가채무가 늘어나게 되면 통화가치가 떨어져 환율이 상승하고 금리가 동반 상승하게 된다. 이는 기업의 대외경쟁력을 높여 경상수지를 안정화하고 외국자본이 유입되는 효과를 얻게 된다.

하지만 자체적으로 통화정책을 펼 수 없게 된 회원국이 상대적으로 높은 인플레이션을 기록하고 있다면 물가가 안정된 나라에 비해 실질실효환율이 높게 평가되어 수출경쟁력을 약화시키게 된다. 실질실효

환율은 자국 통화가치가 교역 상대국 통화에 비해 어느 정도 수준인지, 두 나라 사이의 물가 차이를 고려해 교역비중에 따라 산출한 환율이다. 유럽 재정위기로 인해, 유로화 단일환율에 따른 거시경제 불균형과 재정정책을 운용하는 방식과 회원국 격차 등 문제점이 부각되었다.

회원국 간 실질금리의 차이가 발생해 물가상승률이 높은 나라, 즉 실질금리가 낮은 국가의 자금조달비용이 상대적으로 낮아지기 때문에 역내 투자재원이 실질금리가 낮은 국가로 몰리는 경향이 생겨난다. 단일통화의 금리는 회원국들마다 동일하게 적용되지만 각 나라의 물가수준에 따라 실질금리가 달라지기 때문이다. 자금조달이 쉽게 이루어진다는 점에서는 회원국들이 이점을 공유하지만 글로벌시장의 위기나 특정 회원국의 재정이나 금융문제가 발생하면 국채와 회사채 금리가 더욱 차등화되거나 자금조달이 어려워질 수 있다.

24년째에 접어든 유로 단일통화체제는 장점과 함께 단점도 동시에 드러냈다. 그럼에도 불구하고 유로존을 탈퇴하는 나라들이 거의 없고, 가입을 추진 중인 나라가 대기하고 있다. 이는 아직까지는 유로존 국가로서 단점보다는 장점이 더 많다는 점을 보여준다. 앞으로 공동으로 통화정책을 펴나가는 과정에서 경험이 축적되면 더욱 진화된 정책을 펼칠 것으로 예상된다.

미국과 따로 가는
중국

%

중국의 통화정책은 기준금리 자체가 다를뿐더러, 단일 금리가 아니라 복수로 되어 있다. 즉, 은행의 1년 만기 대출우대금리와 5년 만기 대출우대금리, 두 가지를 중심으로 금리정책을 펼친다. 기준금리가 시장에 전달되는 경로 역시 독특한 방식으로 작동한다. 중국의 금리 체계는 다양하고, 여러 가지 정책금리를 활용해서 시장금리를 움직인다. 그리고 금리를 조정하는 방식에 덧붙여서 지급준비율을 적극적으로 활용한다. 또한 금리정책과 함께 중앙은행의 재대출과 대출 제도 등을 다양하게 운용한다. 이는 중소기업과 농업 등 취약계층의 금융 기회를 확대하는 한편 선별적으로 지원하기 위한 것이다.

중앙은행인 인민은행(PBoC)은 매월 20일 실질적인 기준금리를 공표한다. 2023년 6월 20일 기준금리 역할을 하는 대출우대금리(LPR)를 10개월만에 0.1%p씩 내렸다. 이에 따라 1년 만기 대출 우대금리는 3.65%에서 3.55%로, 5년 만기 짜리는 4.30%에서 4.20%로 낮아졌다.

미 연준이 6월 금리 동결을 결정하자마자, 인민은행은 금리인하 쪽으로 움직인 것이다. 중국 LPR은 인민은행이 운영하는 중기유동성지원창구(MLF) 금리에 은행의 조달금리와 자금 여건, 위험 프리미엄 등을 가산해서 정해진다.

중국은 공식적으로는 경제성장을 목적으로 하는 통화량 목표제를 채택하고 있지만 다양한 정책 목표를 갖고 있다. 중국인민은행법 3조는 '통화정책의 목적은 통화가치의 안정을 유지함으로써 경제성장을 촉진함에 있다'고 규정하고 있다. 저우샤우천 전 인민은행장은 매년 중국 정부가 설정한 경제성장·물가·고용·경상수지 등을 달성하는 것이 실질적인 목표라고 말했다고 한다. 이러한 다양한 정책 목표를 달성하기 위해 여러 가지 유형의 금리정책 수단을 활용한다. 중국은 인민은행 정책금리, 벤치마크 금리(LPR), 시장금리 등 세 가지 금리 체계를 갖고 있다. 정책금리로는 공개시장 운영 금리, 재할인·재대출과 대출제도 금리가 있고, 이중 공개시장 운영금리를 단기 정책금리로 쓴다. 인민은행이 기간과 대상으로 구분해서 유동성을 공급하는 대출제도는 7일짜리 초단기 유동성공급제도, 만기 28일짜리 대형상업은행 단기유동성 공급제도, 1일~1개월 만기 시중은행에 대한 담보대출, 3년짜리 장기자금과 취약 부문 담보대출 등 다양하다.

중기 정책금리로는 중기 유동성조절 지원 창구(MLF) 금리가 있다. 인민은행은 중장기 자금 시장에서 MLF 금리를 조정해서 은행 대출의 벤치마크인 대출우대금리(LPR)에 영향을 주는 방식으로 금리를 낮추거나 올린다. LPR 금리는 18개 은행들이 만기 1년과 5년짜리 신규 대출과 변동금리 대출을 대상으로 적용하는 금리를 종합해서 산출한다. 앞에서 말했던 기준금리 격인 대출우대금리 중 5년짜리가 바로 중기 정책금리 역할을 한다.

중국의 통화정책의 특징 중 하나는 특정한 분야에 선별적으로 유동성을 공급하는 제도를 다양하게 운영하고 있다는 점이다. 주로 중소기업이나 농촌 등의 취약 부문이 지원 대상이다. 대표적인 제도로는 선별적 지급준비율제도와 선별적 중기유동성지원창구 그리고 담보보완대출제도가 있다. 선별적 지급준비율제도는 중대형 은행들이 취약 부문에 대출을 했을 때 요건을 충족하면 지급준비율을 우대해주는 것이다. 선별적 중기유동성지원창구는 민간기업과 중소기업에 대출을 추가로 해줄 수 있도록 한도를 늘려준다. 담보보완대출제도는 중국개발은행·농업개발은행·수출입은행 등 정책은행들이 인민은행에 대출채권을 담보로 제공하고 농업·중소기업·저개발 지역에 자금을 지원할 수 있게 한다.

중국은 금리정책과 함께 지급준비율을 적극적으로 활용한다. 지급준비율을 조정하게 되면 내외 금리 차이가 커졌을 때 단기 투기성 자금 유출입을 막는 효과를 볼 수 있고 특정한 부문을 선택하여 지원하기 쉽기 때문이다. 글로벌 금융위기 때와 미중 갈등과 코로나 위기 때 중국은 경기 침체를 막기 위해 금리 인하와 함께 지급준비율 인하를 병행해서 운영했다.

▌ 중국의 '금리 홀로서기' 배경

대부분 국가들이 중앙은행에 나라 이름을 붙이고 있지만 중국의 중앙은행은 중국은행Bank of China이 아니라 '인민은행'이다. 중국은행은 외환 쪽에 강점이 있는 4대 국유은행(중국공상은행, 건설은행, 농업은행, 중국은행) 중 한 곳이다. 인민은행은 정부에 속해 있는 조직으로, 따라서 정부가 제시하는 정책 목표를 달성하는 데 적극적으로 나서야 한다. 중앙은행으로서의 인민은행은 지배구조와 의사결정 방식, 정책 목표 등이 다른 나라들과는 확연히 다르다. 중국 정부는 공산당 영도 체제 아래에 있기 때문이다. 인민해방군이 국가의 군대가 아니라 공산당의 군대인 것과 같다.

1979년 중국이 개혁개방 노선을 채택해 고속성장 가도를 달려오는 동안 서방은 중국이 심각한 경제 위기를 맞거나 금융과 공기업 부실로 무너질 것이라고 예측했으나 대부분 빗나갔다. 미국과 유럽 등 서방 국가들과 미디어들이 그들의 관점으로 중국을 바라보고 중국 특유의 정책과 경제구조를 간과한 탓이다. 서방 국가들과 중국의 가장 큰 차이는 정책의 지속성이다. 이는 공산당 일당 독재체제가 가진 특징이기도 하다. 시진핑 이전에도 장쩌민과 후진타오 전 주석이 5년씩 연임하는 방식으로 10년 동안 집권하면서 정책을 주도했다. 예를 들어, 2015년 5월 발표한 '중국 제조 2025'는 2015~2045년까지로 계획된 30년짜리 정책이다.

중국은 '당이 결정하면 따른다'라는 의사결정 구조를 갖고 있어 정책의 일관성을 유지하기가 용이하다. 만일 위기 상황이 닥치면 중앙에서 결정한 대응책이 곧바로 지방까지 전달되어 실행에 옮겨지게 된다. 특히 중앙집권체제의 특징을 살려 국가가 가진 정책수단과 자원을 집중해서 대책을 세워 대응한다. 대표적으로 글로벌 금융위기 때는 소비 촉진을 위해 자동차와 가전 구입 시 세제 혜택과 보조금을 지급하는 직접 지원 프로그램이 가동되었고, 금리 인하와 자금 지원 등 대규모 유동성 공급이 조기에 집행되었다. 또한 토지가 국유화되어 있어 부동산 개발을 통한 경기 부양 정책을 정부 주도하에 마음대로 펼칠 수 있다.

하지만 최근 들어 중국이 가진 상대적인 강점이 점차 약점이 되고 있다. 코로나19 위기 때 '제로 코로나' 방침이나 상하이 등 도시 봉쇄 결정 등을 보면 개인 사생활 침해와 소비 급감 등으로 인한 부작용이 크게 나타나고 있기 때문이다. 정부가 정하면 그대로 따르는 방식은 이제 세계 2위 경제대국인 중국에서 작동하기에는 너무 경직적이고 권위적인 방식이 되어버린 것이다. 중국은 특유의 사회주의적 시장경제 체제를 슬로건으로 내세워 성공 가도를 걸어왔다. 시장경제에 초점을 맞춰 개인의 사유재산 추구와 민간기업 활동을 적극 장려하는 쪽이었다. 그러나 시진핑 체제가 들어선 이후부터는 '시장 경제'보다는 '중국 사회주의'에 더 방점이 찍히는 정책을 채택하고 있다. 또한 미중 대결이 가열되면서 중화주의가 미국 우선주의 못지않게 증폭되고 있다. 앞으로도 중국은 경제정책뿐만 아니라 금리를 결정하는 통화정책에서도 중국식 우선주의와 중국몽을 더욱 강조하게 될 것으로 보인다.

▌경기 부양을 위한 금리 인하

2023년 6월, 인민은행은 10개월만에 금리를 인하했다. 오랫동안 관망해오다가 미 연준의 금리인상 기조가 주춤해지자 곧바로 금리 인하 카드를 꺼내들었다. 중국은 금리 정책 기조가 다른 나라들과 크게 다르다. 미국 연방준비제도가 지속적으로 금리 인상을 단행하고 주요 국가들역시 비슷한 움직임을 보이고 있는 가운데 중국만이 '금리 홀로서기'를하고 있다. 코로나 봉쇄로 인해 침체된 경제를 살리고 보겠다는 것이중국 정부와 중앙은행의 목표다. 공산당이 영도하는 중국 정부는 인민들의 생활을 풍요롭게 하기 위해 지속적인 고성장의 수레바퀴를 돌려야 하는 것이다.

미중 대결은 다각도로 확전 국면에 접어들었으며, 통화정책도 예외는 아니다. 물론 경제성장률 흐름이나 인플레이션 여건은 두 나라가 판이하게 다르다. 중국은 2000년대까지 거의 두 자릿수의 고도성장을 해왔고, 이제는 바오치保7(성장률 7%)를 달성하겠다는 목표로 낮췄지만 현재는 5% 수준으로 낮아진 상태다. 2022년 중국의 GDP 성장률 목표는5.5%였지만 3.0%에 그쳤다. 2020년 2.2%에 이어 1970년대 중반 이래 두 번째로 낮은 수준이다. 코로나19 사태로 상하이 등 주요 도시가봉쇄되는 강력한 제로 코로나 정책을 편 탓이다.

미국과 가장 큰 차이는 중국은 인플레이션 상황이 아니라는 점이다. 2022년 12월의 중국 소비자물가지수는 전년 동월 대비 1.8% 상승하는 데 그쳤다. 2023년 1월 물가는 2.1%로 약간 올랐다. 같은 기간을비교해보면 미국은 2022년 12월에 6.5%, 2023년 1월에 6.4%를 기록

중국인민은행은 중국의 중앙은행으로 공산당 정책 목표의 달성을 적극 지원하는 역할을 한다. 현재 중국의 금리는 미국의 추세와 떨어져 독자노선을 걷고 있다.

했다. 2022년 6월에 9.1%, 9월에 8.2%까지 상승한 것에 비하면 꽤 낮아진 수치다. 따라서 미국은 앞뒤를 살필 겨를 없이 인플레이션을 잡아야 하지만, 봉쇄 방침을 버리고 리오프닝 정책으로 선회한 중국은 당장 경기를 살리는 것이 당면 과제다. 기준금리를 더 낮춰서 경기 부양에 나서려고 하지만 워낙 미국이 공격적인 금리 인상을 지속하고 있어 벽에 부딪힌 상황이다. 따라서 인민은행이 오랜 기간 금리를 동결한 것은 미국과의 금리 차이 등을 고려한 것으로 보인다. 중국은 경기 부양을 위해 부동산시장을 활성화하는 방식을 활용할 것으로 예상된다. 중국 각지에서 도시화가 진행 중이므로 도로·철도·항만·관광 등 인프라 개발에 자원을 투입하면 경제성장률을 올리는 데 도움이 될 것이다.

중국 금리정책의 기조는 중국만의 독자노선이다. 또한 경제성장을

세상 친절한 금리수업

이끌어내는 것이 금리정책의 목표다. 하지만 한편으로는 미국 연준의 금리 결정을 고려할 수밖에 없다는 제약요인을 갖고 있다. 중국 경제와 금융시장은 글로벌 시장에 연결되어 있고, 글로벌 금융시장이 달러 체제 속에서 돌아가기 때문에 그 영향권에서 벗어날 수 없다. 따라서 중국의 금리 결정은 어쩔 수 없이 미국 영향을 받겠지만, 기본적으로는 중국 경제의 성장률이 가장 중요한 변수가 될 것이다.

만일 경제성장률이 과도하게 낮은 상황이 지속된다면 미국의 금리 정책에 관계없이 중국의 기준금리는 인하 쪽으로 독자노선을 걷게 될 것으로 전망된다. 만일 미국이 금리 인상을 멈추거나 어느 시기에 금리 인하 쪽으로 전환한다면 중국으로서는 더욱 금리 인하와 지급준비율 인하를 동원해서 경기 부양에 나설 가능성이 높아진다. 중국은 현재 시진핑 3기 체제 첫 해를 맞아 공동부유 슬로건을 실행해야 할 시점이고 미국의 견제에 맞서서 내수와 수출을 동시에 활성화하는 쌍순환 정책을 펴고 있다. 여기에다 리오프닝 정책으로 전환한 것은 5%대 성장을 위해 불가피한 선택이었을 것이다. 중국의 통치 스타일을 고려하면, 백지시위 등이 영향력을 발휘했다기보다는 이미 봉쇄정책 폐지를 준비하고 있다가 발표한 것으로 보는 것이 타당할 것 같다.

중국은 1980년대 미국을 넘보던 일본이 엔화 강세를 수용하는 플라자합의를 계기로 '잃어버린 30년'을 겪고 있는 것을 반면교사로 삼고 있는 듯하다. 따라서 중국은 국제 사회의 압력에도 불구하고 금리와 외환 자유화 등 금융 개방 요구를 받아들이지 않고 스스로 마련한 금융 개방 계획에 따라 차근차근 여건을 고려해서 '독립적으로' 추진하겠다는 의지를 보이고 있다. 1997년 우리나라를 비롯한 아시아 국가들이 고통을 겪었던 외환위기도 중국 경제 관료들과 학자들이 오랫동안 깊이 있게 연구해온 주제다. 강대국의 압박, 즉 미국에 굴복해서 금융 개방 등을 수용하게 되면 감당하기 힘든 파국을 맞을 수 있다는 불신이 깔려 있는 것이다.

미국과 거꾸로 가는 일본

%

일본은 글로벌 금융시장에서 금리정책에 관한 한 거꾸로 가는 청개구리나 다름없다. 미국 연준이 급속하게 정책금리를 인상하는 상황임에도 주요국 중에서는 유일하게 0%대 기준금리를 버텨냈다. 나름대로 사정이 있겠지만, 극단적인 완화정책을 오랫동안 지키고 있는 것이다. 하지만 2022년 말 뜻밖의 일이 벌어졌다. 1년 내내 꿋꿋이 독자노선을 걸었던 일본은행이 연말을 코앞에 둔 12월 20일, 10년 국채 수익률 변동폭을 0.25%에서 0.50%로 확대하는 조치를 발표한 것이다. 채권 가격은 수익률에 따라 달라지는데 수익률이 높아지면 가격은 떨어진다. 수익률은 가격을 반영한다는 점에서 금리와 거의 같다고 보면 된다.

▎일본만의 독특한 수익률 곡선 통제정책

일본은행은 '수익률 곡선 통제Yield Curse Control(YCC)' 정책을 오랫동안 기본적인 통화정책으로 삼아왔다. 이 정책은 아베노믹스의 근간을 설계한 구로다 하루히코 총재가 일본 경제 활성화를 위해 만들어 실행해 왔다. 수익률 곡선은 금리가 가진 자체 속성에 따라 기간의 가치가 반영되어서 자연스럽게 우상향으로 그려진다. 즉 초단기 금리는 낮게, 중금리는 높게, 5년·10년·30년 금리는 기간에 따라 더욱 높게 형성되고 그대로 우상향하는 수익률 곡선이 만들어지는 것이다.

일본은행이 정해둔 정책금리, 즉 기준금리는 -0.1%를 유지하고 있는데 거의 8년째 그대로다. 특이하게도 단기 금리와 함께 10년 국채 금리를 0.25%로 유지하는 것을 동시에 관리하는 것이 바로 수익률 곡선 통제다. 만일 단기 금리와 장기 금리가 비슷해지거나 역전되는 현상이 빚어지면 금융시장이 혼선을 빚게 되기 때문이다. 은행은 대체로 단기로 예금이나 자금을 조달하여 중장기로 대출을 해주고 예대금리차로 수익을 얻게 된다. 중장기 금리가 단기 금리보다 일정한 수준으로 높게 유지되지 않으면 대출할 유인이 떨어진다. 일본 경제를 활성화하려면 은행들이 기업의 설비투자나 필요자금을 적극적으로 빌려줘야 한다. 만일 중장기 금리가 단기 금리와 차이가 거의 없거나 단기 금리보다 낮아지는 역전현상에 발생하면 대출이 얼어붙게 된다. 장기 금리가 더 높아야 금리 차이로 은행이 이익을 낼 수 있기 때문이다. 장단기 금리 차이가 역전되면 이를 경기 침체의 전조로 본다. 투자를 할 만한 사업이 없거나, 아니면 미래 경기 전망이 어두워서 은행 돈을 빌리거나 회사채를 발행해서 자금을 조달할 필요가 줄어든 탓으로 해석한다. 그래서 일본은행이 인위적으로라도 10년 국채 수익률을 기준금리보다 높게 유지해온 것이다.

그렇다면 10년 국채 금리를 단기 금리보다 높은 수준으로 유지하기 위해 일본은행은 어떤 방법을 썼을까? 2012년 아베노믹스를 시작하면서 일본은행은 매년 80조 엔을 국채 매입에 투입하겠다고 발표했다. 이른바 물량공세를 편 것이다. 하지만 이 방식에는 문제가 많았다. 일본은행이 국채를 너무 많이 사들여 부담이 커졌을 뿐만 아니라 시장 기능이 약화되어버린 것이다. 이때 일본 전문가로 꼽히는 전 미국 연방준비제도 총재인 벤 버냉키가 물량이 아니라 일정한 금리 수준을 제시하라는 조언을 했다. 그렇게 하면 시장에 주는 신호가 더욱 명확해질 뿐 아니라 굳이 매년 80조 엔을 매입하지 않아도 된다는 이야기였다. 일본은 미국의 조언을 수용해서 2016년 9월에 10년 국채 금리를 0%로 하여 장기 금리 기준금리를 정하고 변동폭을 상하 0.25%로 결정했다. 수익률 곡선 통제는 적어도 통화정책이라는 면에서는 그런대로 작동해왔다. 이 정책은 구로다 총재가 한 축을 맡았던 아베노믹스의 근간이 되었고 기시다 총리가 등장한 이후에도 유지되었다.

미국의 금리 인상과 일본의 초완화정책

2022년부터 계속되고 있는 미국 연준의 급속한 금리 인상은 일본의 통화정책에 큰 압박요인으로 작용하고 있다. 이 때문에 일본은 왜 글로벌 금리 인상 기조에 따라 기준금리를 올리지 않느냐는 질문이 꼬리를 물고 이어졌다. 실제로 미국의 금리 인상 이후, 통화정책을 운영하는 데 가장 어려움을 겪게 된 나라는 일본이었다.

그렇지 않아도 장기 금리를 단기 금리보다 높게 유지하기 힘든데 만일 미국의 금리 인상을 고려해서 일본이 단기 금리를 올린다면 장기 금리를 0.25%로 관리하는 정책은 유지하기가 힘들게 된다. 시장 참여자들은 동시다발적으로 돌아가는 글로벌 금융시장에서 일본만 독불장군 식으로 마이너스 정책금리를 끌고가는 것은 불가능하다고 판단했다. 이들이 대응한 방법은 10년 국채 금리 상승에 배팅하는 것이었다. 10년 국채를 내다 팔거나 선물시장에서 매도 포지션을 선택했다. 10년 국채 금리를 0.25%로 공시해놓은 일본은행은 쏟아지는 10년 국채 물량을 받아내기 위해 안간힘을 쓰는 상황이 지속되었다. 일본 중앙은행과 시장 참여자, 국채 금리 상승에 배팅한 투자자 사이에 물밑 싸움이 벌어졌다. 그런데 이미 일본은행은 국채를 몽땅 사들여 보유 자산 중에 국채의 비중이 과도하게 커져 있는 상황이었다. 일부 국채 종목은 거의 대부분 일본은행이 보유하는 상황이 빚어졌고, 이로 인해 채권시장에서 가격 왜곡 현상이 발생할 정도로 문제가 심각해졌다. 일본은 다시 대응방안을 찾아야 했다. 새로운 묘수는 바로 민간은행들로 하여금 일본 국채를 사들이도록 하는 것이었다. 이를 위해 일본은행은 민간은행에 낮은 금리로 국채매입용 자금을 대출해주고, 국채를 매입하게 했다. 그러나 이마저도 오래 버틸 수 없어 결국 2022년 12월에 10년 국채 수익률 변동폭을 0.50%로 0.25%p 인상했다. 이 조치에는 국채 거래를 유도하고 채권시장에 유동성을 확대하려는 의도가 담겼다.

'잃어버린 30년'을 앞두고 있는 일본은 아베노믹스의 근간이라고 할 수 있는 0%대 수준의 기준금리를 아직도 버리지 못하고 있다.

▌ 마이너스 기준금리를 고집하는 이유

일본이 쉽사리 마이너스 금리를 포기하지 못하는 것에는 여러 가지 이유가 있다. 우선 경제활성화를 위해 숙원이었던 물가 목표 2%를 이뤄냈지만 그 내용을 들여다보면 아직 해결해야 할 문제들이 남아 있다. 2% 물가 목표에 안정적으로 진입하기 위해서는 임금 수준이 높아져야 한다는 것이 일본 정부와 일본은행, 기업들의 일치된 입장이다. 오랜 기간 물가가 제자리에 머물거나 오히려 하락했던 일본 경제는 오랜만에 '잃어버린 30년'을 벗어날 호기를 맞았다. 다른 나라와 달리 일본은 물가 상승세를 굳히는 것이 중요한 과제인 셈이다. 물가가 오르면 소비와 투자가 살아나는 선순환으로 돌아설 수 있다. 장기간 임금 동결은 일본 경제의 침체를 상장적으로 보여주는 지표다. 근로자 임금이 오르면 물가상승에 도움이 되고 이는 경기 회복으로 연결될 수 있다. 또 한 가지는 만일 금리를 올리면 일본은행이 보유하고 있는 일본 국채 값이 크게 떨어지게 되고 새로 발행하는 국채 금리 부담이 늘어나 재정운용에 큰 제약을 받게 된다. 덧붙여 일본 기업이나 개인은 오래 전부터 해외투자를 늘려 외화 표시 채권이나 주식, 부동산 등 해외자산을 많이 보유하고 있다. 일본의 대외 순자산은 2021년 3조 7,480억 달러(IMF 보고서)로 31년째 세계 1위를 차지하고 있다. 마이너스 금리로 인한 엔화 약세 추세가 이어지더라도 달러 표시 국채 등 해외자산 가격이 상승하게 되어 상쇄효과가 있는 것이다.

전 세계 주요국가들이 미국의 금리 인상에 발맞춰 잇달아 금리 인상을 하고 있는 상황에 일본만이 단기 기준금리를 -0.10%로 지속적으로 유지하는 것은 글로벌 금융시장 여건을 고려하면 거의 불가능하다는 것이 상식적인 판단이다. 2022년 연말에 10년 국채 금리 변동폭을 0.25%p 올렸지만 2023년 6월 기준으로 미국 정책금리가 5.25%까지 인상되어 미국과 일본의 금리 격차는 더욱 커졌다.

1980년대 한때 세계 1위 경제대국을 꿈꾸었지만. 미국의 플라자 합의로 초엔고 정책을 수용하면서 서서히 활력을 잃어왔다. 2000년에는 중국에 추월당해 3위로 내려앉았고 이대로 가면 독일이나 인도 등에도 밀려날 판이다. 한번 꺾여버린 경제침체에 대한 일본인들의 걱정은 글로벌 위기, 코로나 위기 등을 겪으면서 더욱 개인의 '자기보호본능'을 자극하기만 한 것은 아닌가 싶을 정도다. 전 세계 주요 경제국의 물가 목표는 대부분 연 2%다. 우리나라와 미국, 영국 그리고 일본 역시 2% 물가 목표제를 운용하고 있다. 그런데 잃어버린 30년 동안 일본은 한 번도 물가 목표를 달성하지 못했다. 따라서 일본의 입장에서 2%는 꿈의 숫자이자 일본 경제의 해묵은 숙원이었다고 할 수 있다. 장기 침체에서 벗어나겠다는 목표 아래, 아베 전 총리가 제시한 아베노믹스의 3가지 화살(대규모 양적완화와 재정지출 확대, 구조개혁)을 제시했지만 결과는 신통치 않았다. 경제 활성화도 물가 상승도 유도하는 데 실패한 셈이다.

예기치 않은 코로나 위기 이후 전 세계적으로 풀린 유동성 덕분에 그리고 우크라이나 전쟁으로 인한 에너지 가격 급등과 미중 대결 속에서 벌어진 공급망 재편 속에서 2022년 11월 일본 소비자물가는 3.7% 상승하여 40년 만에 가장 높은 수치를 보였다. 이 수치는 일본 입장에서는 아주 이례적으로 높은 것이지만 미국이나 유럽에 비하면 절반에도 미치지 못하는 수준이다. 물가 목표를 달성하기 위해서 금리 인상을 주저한 것은 상당히 설득력 있는 근거가 된다. 그러나 기다리고 기다리던 꿈의 숫자를 넘어섰지만 마냥 웃을 수만은 없는 현실이다. 앞에서 설명했듯이 일본 경제에서 소비와 투자가 활성화되어 물가가 상승한 것이 아니기 때문이다. 정상적인 과정으로 물가가 조금씩 올랐다면 크게 반길 일이지만 우크라이나 전쟁과 미중 기술 전쟁 등 외부의 돌발적인 변수들은 언제라도 바뀔 수 있는 요인이다.

▎국채이자 지급에 허덕이는 일본 정부

금리 인상을 어렵게 하는 또 다른 요인은 국채이자 부담이다. 수익률 곡선 통제정책을 오랫동안 펴오면서 일본은행이 보유한 국채가 전체 국채의 거의 절반에 달하고 특정한 종목은 90% 이상이라고 한다. 이 때 국채 수익률이 상승하면 국채를 보유한 일본은행의 손실은 눈덩이처럼 커지게 된다. 《이코노미스트》는 2023년 1월 기준으로 수익률이 0.25%p 올라가면, 일본 GDP는 1.4% 손실을 입게 될 것으로 추정했다.

일본은 정부 부채가 많고 가계 부채는 낮다. 정부 부채는 GDP의 260%를 넘어서 주요국 중에서 가장 높은 비중을 보이고 있지만 가계 부채는 67% 수준이다. 우리나라와는 정반대의 구조다. 우리나라는 아직 정부 부채가 GDP의 40% 수준으로 양호한 수준이지만 가계 부채는 100%를 넘어선다. 일본은 정부 예산의 약 8%를 국채 이자 지급에 사용하고 있는데 금리가 0.25%만 올라가게 되더라도 2023년 예산의 10%에 달할 것으로 예상된다. 일본은 이미 오래 전에 초고령화 사회에 접어들어 복지 예산 등이 지속적으로 확대되고 있다. 따라서 국가 부채 이자 부담이 예산의 10%까지 늘어나면 재정운용에 큰 제약을 받게 된다. 일본의 2023년 예산은 114조 3,812억 엔으로 이중 채무상환비가 14.6%, 이자 등이 7.4%로 책정되어 있어 정부 부채 상환과 이자 지불 예산이 전체의 22.1%나 차지한다.

2022년 12월, 10년 국채 수익률 변동폭 상한선을 0.5%로 높인 것은 당시 금리 인상에 배팅했던 시장 참가자들에게 큰 이득을 안겨주었을 것으로 추정된다. 이들은 일본은행이 또 다시 금리 인상을 하지 않고는 버티지 못할 것이라고 예상하고 그쪽으로 투자 방향을 잡았다.

일본은행은 2023년 1월 12일과 13일 이틀간 9조 5,000억 엔(720억 달러)에 달하는 국채를 사들였다. 상한선 0.50%는 끊임없이 공격받았고 일본은행은 안간힘을 다해 채권을 매입해 방어에 나섰다. 글로벌 시장은 1월 18일 일본은행의 금융정책결정회의에 촉각을 곤두세웠다. 2022년 12월 말에 10년 국채 금리 상한선을 높인 것이 도화선이 되어 점차 긴축 국면으로 전환하고 결국에는 초완화정책을 포기할 가능성까지 거론되었다. 하지만 기대와 달리 일본은행은 기존 통화정책을 지속하는 것으로 발표했다. 엔화는 곧바로 폭락세를 보였고 공매도를 했던 투기세력은 큰 손실을 입었을 것으로 추정된다.

일본과 미국 금리 차이는 단기 금리(-0.10%)와 미국 정책금리 5.25%를 비교하면 5.35%p나 된다. 일본의 소비자물가상승률은 3%(2022년), 미국의 소비자물가상승률은 2022년 7월에 9.1%를 기록했고, 12월에는 6.5%를 기록했다. 미국과 일본의 소비자물가 상승률을 비교하더라도 두 나라의 금리차는 크게 벌어져 있다. 글로벌 자금이동은 일반적으로 금리가 낮은 곳에서 높은 곳으로 움직인다. 단기적으로는 주춤하더라도 중장기적으로 보면 어김없이 이러한 경향이 나타나게 된다. 현재 일본과 미국 금리 차이를 고려한다면 낮은 금리의 엔화를 빌려 달러를 매수하거나, 엔화를 팔고 달러를 사는 엔 캐리 트레이드가 활발해지게 된다. 일본 국채는 당연히 엔화로 표시되고 일본 내에서 주로 거래가 이뤄진다. 일본 기준금리가 지속적으로 낮게 유지된다면 금리가 높은 미국이나 유럽 등으로 자금이 빠져나갈 유인이 생기고, 국채 수요가 줄어들어 금리를 낮게 유지하는 초완화정책이 위협받게 된다.

더욱이 미국과 일본의 금리 차이로 엔화 환율이 높아져 엔화 가치가 약세를 보인다면 엔화 표시 국채의 이점은 더욱 떨어지게 된다. 따라서 일본은행의 초완화정책이 조금씩 긴축기조로 돌아설 수밖에 없을 것이라는 시장의 상식이 통할지, 아니면 일본의 '버티기' 전략이 결국 성공할 것인지는 두고 볼 일이다. 시장 참가자들과 일본은행의 대결을 판가름할 변수를 몇 가지 짚어보자. 최대 변수는 무엇보다도 미국 연준의 금리 인상 기조에 달려 있다. 2023년 연말까지 금리 인상을 지속하거나, 도중에 금리 인상을 마무리하더라도 5%를 넘어서는 선을 연말까지 유지한다면 일본은행은 큰 부담을 안게 된다. 글로벌 투기 세력이 일시에 몰려들어 가세한다면 큰 혼란이 빚어질 우려가 있다. 만일 인플레이션이 주춤해져 금리 인상 기조가 마무리된다면 일본 입장에서는 통화정책을 펴는 데 큰 우군을 얻는 셈이 된다.

금리가 작동하는 방식을 풀어가다 보면 결국은 미국 연준의 정책 결정으로 귀결되고 만다. 그만큼 달러 기축통화를 중심으로 한 금융 패권의 힘이 전 세계 어디에서나 작용하고 있다는 점을 새삼 인식하게 된다.

Chapter
7

자산시장과
금리

자산 가치는
금리에 따라 오르내린다

%

매년 사과가 10개씩 달리는 사과나무가 있다. 이 나무의 가치는 얼마나 될까? 경제적 개념이 없는 사람은 나무를 보고 가치를 계산하지만 경제를 아는 사람들은 사과를 보고 가치를 메긴다. 사과 값이 1원이라고 할 때 이 사과나무는 매년 10원의 가치를 생산해낸다. 그렇다면 사과나무의 가치는 10원씩 계속 더해가는 것일까? 그렇지 않다. 앞에서 설명했듯 이 미래 10원의 가치는 현재 10원의 가치와 같지 않다. 사람들은 현재의 것을 더 좋아하기 때문에 미래의 사과를 현재의 가치로 바꿀 때 적당한 비율만큼 할인해야 한다. 이 할인율의 역할을 하는 것이 이자율이다. 이 자율이 10%라고 가정하면 1년 후 사과 10개의 가치는 9.09원이다(10÷(1+0.1)). 같은 기준을 적용해 계산하면 2년 후 사과 10개의 가치는 8.3원이 된다(10÷(1+0.1)^2). 이렇게 계산하면 3년 후 열릴 사과의 가치는 7.5원, 10년 후 열릴 사과의 가치는 3.9원, 20년 후 열릴 사과의 가치는 1.5원 등으로 계산된다. 이런 식으로 계속 계산해보면 사과나무가 영원히 사과를 10개씩 만들어낼 수 있다고 가정할 때 이 사과나무의 가치는 약 100원이다.

이처럼 경제적 개념에서 사과나무는 나무의 가치가 아니라 만들어 내는 사과의 가치에 영향을 받는다. 만약 이자율이 올라가면 이 사과나무의 가치는 어떻게 될까? 이자율이 올라가면 미래의 사과를 할인하는 비율이 커진다. 이자율이 20%로 올라가면 1년 후 사과 10개의 가치는 $10 \div (1+0.2) = 8.3$원으로 계산된다. 앞에서와 같은 방식으로 계산하면 이자율이 20%일 때 5년 후 열릴 사과의 가치는 4원, 10년 후 사과 가치는 1.6원, 20년 후 사과 가치는 0.3원 등이다. 그렇다면 사과 값이 2원으로 오르면 어떻게 될까? 같은 방식으로 계산했을 때 사과 값이 2배로 오른다면 사과나무의 가치는 이자율이 10%일 때는 200원, 이자율이 20%일 때는 100원이다. 즉, 사과의 가격이 오르면 사과나무의 가치

자산 가격 계산 방식

R=시장 이자율(할인율)
현금 흐름=배당금, 임대료 등

는 오르고 이자율이 오르면 사과나무의 가치는 떨어진다.

　자산 가치를 계산할 때는 자산을 보는 것이 아니라 자산이 만들어내는 이익이 얼마인지를 봐야 한다. 주식의 자산 가치는 기업의 가치보다는 기업이 만들어내는 이익을 주주들에게 얼마나 배당할 것인지에 달려 있다. 아파트의 가치는 아파트 자체보다는 아파트를 임대했을 때 매년 또는 매월 얼마만큼의 임대료를 받을 수 있을지에 따라 결정된다. 사과나무의 예에서 보듯이 금리가 오르면 자산 값이 떨어지고 가격이 오르면 자산 값은 오른다. 주식의 경우 배당이 많아지면 주가는 오르고 물가가 올라도 주가는 오르게 된다. 부동산은 임대료가 오르면 가격이 오르고 물가 상승기에도 가격이 오른다. 다만 금리가 오른다면 주가와 부동산 가격은 모두 부정적인 영향을 받게 된다.

　금리가 낮을 때 자산 매입 열기가 과도했다면 버블이 생기고 상황이 바뀌어 금리가 상승하면 자산 가격이 급락하는 일이 벌어진다. 한 나라나 지역에서 자산 가격 급락이 일어나면 금융위기가 발생하고 전 세계적으로 전이되면 글로벌 위기를 초래하기도 한다. 대표적인 사례가 2008년 미국 서브프라임 모기지 부실로 촉발된 글로벌 금융위기였다. 미국에서 장기간 유지된 낮은 금리로 인해 주택금융이 과도하게 풀리고, 부동산에 버블이 발생한 것이 직접적인 원인이 되었다. 만일 중앙은행이 선제적으로 금리 조정을 했다면 경기 연착륙으로 자산 가격이 안정 국면에 접어들었을 것이다. 따라서 중앙은행의 금리정책은 자산시장에서 매우 중요한 역할을 한다고 할 수 있다.

주식시장과
금리

%

주식은 금리 상승기에는 하락하고 금리 하락기에 상승하는 쪽으로 움직인다. 주식시장은 실시간으로 거래가 이뤄지기 때문에 국내외 금리 흐름에 따라 곧바로 영향을 받는다. 한 기업의 가치를 판단하는 방법은 여러 가지가 있다. 그중에서 미래의 현금 흐름을 현재 가치로 할인하는 방식으로 기업 가치를 산출하는 방법이 있다. 여기에서 산출된 기업 가치를 회사가 발행한 주식 수로 나눈 것이 주가다. 미래의 현금 흐름은 기업이 매년 낼 수 있는 순이익 등의 실적이라고 보면 되고, 이를 대상기간을 정해서 각각 현재 가치로 합치면 기업의 현재 가치가 된다. 미래의 현금 흐름을 현재 가치로 계산할 때는 할인율이 적용된다. 이때 할인율은 단순하게 시장금리를 적용해서 기업 가치를 추정할 수 있다. 검증된 이론에 따라 적용한다면 가중평균자본비용(WACC)이 활용된다. 가중평균자본비용은 복잡한 계산식으로 되어 있는데, 시장금리가 중요한 변수로 작용한다. WACC는 기업이 보유한 자산과 부채 등을 고려하고, 시장금리와 주식 수익률 등이 영향을 준다.

　같은 금액의 미래 현금 흐름이라고 할지라도 금리에 따라 현재 가치는 크게 달라진다. 만일 적용되는 금리가 높다면 현재 가치가 더욱 줄어들고, 금리가 낮으면 현재 가치는 그만큼 높아진다. 이렇게 산출된 기업 가치를 기업이 발행한 주식 수로 나누면 1주당 주가가 된다. 이 방법으로 추정하게 되면 이론적으로 금리가 높을 때 주가는 하락하게 되고, 금리가 낮으면 주가가 높아지게 되는 것이다. 할인율에 적용되는 금리가 낮을수록, 추정 대상 기간 중 가까운 시기에 돈을 더 많이 벌수록 해당 기업의 현재 가치는 높아진다. 미래 실적을 예상해서 현재 가치로 환산해 기업 가치를 추정하는 것을 '현금 흐름 할인법Discounted Cash Flow (DCF)'이라고 한다.

　또 다른 기업 가치 평가법으로는 주가수익비율(PER), 상각전영업이익 대비 기업 가치(EV/EBITDA) 등이 있으며, 기업 인수합병을 할 때 기업 가치를 따지는 방법으로 널리 활용된다. DCF가 미래 실적을 현재로 당겨서 추정하는 방법이라면, 주식시장에서 널리 쓰이는 주가수익비율은 과거 실적 중 순이익을 토대로 기업 가치를 평가하는 것이다. 애널리스트들은 주가를 분석할 때 주가수익비율을 중요하게 따진다.

　증권사 매매 사이트에 있는 PER은 주식 투자의 중요한 재무지표로 지난 회계연도의 당기순이익이 기준이다. 기업이 올린 당기순이익을 주가로 나누면 주당 순이익(EPS)이 되고 이를 현재 주가와 비교해서 주당 순이익의 몇 배인지로 나타낸다. 즉, 주가를 EPS로 나누면 PER이 산출되고, EPS와 PER를 곱하면 추정 주가가 나온다. 삼성전자를 예로 들어보자. 2023년 3월에 발행된 한 증권사 기업분석보고서에서 2021년 실적을 토대로 계산하면 삼성전자의 EPS는 5,777원이고, 연말 종가가 78,300원으로 PER은 13.6배가 된다. 2022년 실적으로 산출된 EPS는 8,057원, 연말 종가는 55,300원으로 PER은 6.9배다. 이제 이 PER을 주요 경쟁사, 해외 동종업체와 비교해서 상대적으로 낮으면 저평가되었다고 판단해서 추천종목에 삼성전자를 올리게 되는 것이다. 물론 미래 시점의 분기별 또는 연간 실적을 미리 추정해서 업종 평균 PER와 비교한 후 목표 주가를 제시한다.

기업은 상품과 서비스를 판매해 영업이익을 내고, 판매관리비·임금·이자 등의 비용과 영업 외 수익을 반영해서 당기순이익을 올린다. 기업이 은행 등 금융회사에서 자금을 조달해 설비투자에 투입하거나 운용자금을 마련했다면 금리에 따라 수익성이 달라진다. 금리가 상승하면 기업의 수익성은 떨어지고, 금리가 내려가면 올라간다. 따라서 PER을 적용해서 주가를 평가하더라도 금리는 기업 수익에 영향을 주는 요소로 작동한다.

애널리스트들이 제시하는 중요한 재무지표 중에 자기자본이익률 Return On Equity(ROE)이 있다. 회사가 보유한 자기자본을 얼마나 잘 활용하고 있는지 보여주는 지표로 자본금과 잉여금 등을 투입해서 어느 정도 이익을 냈는지 따져본다. ROE가 높으면 수익성이 좋고, 낮으면 수익성이 떨어진다고 볼 수 있다. 다만 기업이 자기자본만으로 사업을 하게 된다면 안정성은 높아지지만 성장성은 상대적으로 낮아지게 된다. 회사를 키우려고 한다면 외부 자금을 조달해서 투자를 하는 게 바람직하다는 이야기다. 예를 들어, 한 회사가 거래하는 은행에서 대출을 받을 때 금리가 5%이고, 회사채를 발행한다면 6%, 그 회사의 ROE가 10%라고 가정해보자. 대출금리와 회사채 발행금리보다 ROE가 높다면 외부 자금을 끌어들여 사업을 확장하는 편이 유리하다.

▎기술주와 가치주의 금리 영향

기술주와 가치주를 구분해서 보면 금리 상승기에 기술주가 더 큰 타격을 입는 경우가 많다. 기술주는 ICT 기업이나 빅테크·핀테크·인공지능 등 미래 성장성을 높게 평가받는 기업들이다. 아무래도 가치주에 비해 안정적인 수익 기반이 약하고, 투자를 확대하는 과정에서 외부 차입금 비중이 더 높은 편이다. 따라서 금리가 상승하면 금융 비용 부담이 커진다. 또 금리 상승기에는 경기가 부진하거나 침체 국면에 접어들 가능성이 높아 매출이나 기업활동이 위축된다. 이 때문에 통상 기술주로 분류되면 금리 상승기에 주가 하락폭이 상대적으로 더 커지는 경향이 있다.

금리와 주가가 반드시 반대로 가는 것만은 아니다. 경기가 활황 국면으로 접어드는 시기에 금리가 상승한다면 주가가 동반 상승하는 사례가 종종 발생한다. 투자수요가 강하고 경기 전망이 낙관적일 때 금리 상승은 투자자들에게 청신호를 준다. 하지만 경기 활황 국면이 정점에 달하게 되면 인플레이션이 발생하고 인플레이션을 잡기 위해 중앙은행이 기준금리를 인상하면 자산시장이 냉각된다.

주가지수의 20년·30년 초장기 추세를 살펴보면 그래프가 한 나라의 경제성장률과 거의 비슷하게 그려진다. 경제 흐름을 좌우하는 것이

기업이고, 그 기업이 상장되어 평가를 받는 곳이 바로 주식시장이다. 따라서 외국인이 우리나라 기업의 주식을 매수하는 것은 우리나라의 가치를 사는 것이나 다름없다. 금융감독원이 발표한 2023년 5월 기준 한국거래소 상장주식의 외국인 비중(시가총액 기준)은 27.1%로 30% 아래로 떨어졌고 상장채권 보유비중은 9.7%다.

중앙은행이 기준금리를 인상하게 되면 이를 신호탄으로 시장금리가 움직이는 것과 동시에 주식시장에 찬바람이 불어닥치게 된다. 기준금리 인상이나 인하 가능성이 높게 판단되면 주식시장에 '선반영'되기도 한다. 주식시장에서는 정보 유통이 워낙 활발하게 이루어지기 때문에 투자자들이 금리 향방과 타이밍에 베팅하기도 한다.

연간 경제성장률과 주가 상승률

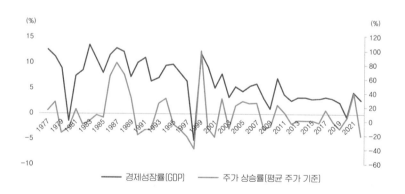

금리 급등과 스타트업

단기간에 금리가 급등하면 가장 큰 타격은 입는 곳은 바로 스타트업들이다. 창업한 지 몇 년 되지 않은 스타트업들은 이익을 내는 회사가 거의 없다. 그래서 은행에서 대출을 받는 것이 매우 어렵다. 신용평가가 어렵고 대차대조표가 부실하고 손익계산서가 대부분 손실을 기록하고 있어 금융 회사에서 자금조달을 할 수 없는 것이다. 초기에 인재확보와 마케팅, 상품과 서비스 개발에 큰 돈이 들어가므로 자체자금으로는 부족한 수밖에 없다. 이 때문에 스타트업은 대출이 아니라 지분 투자를 받는 방식으로 자금을 확보한다. 벤처캐피탈은 스타트업 투자에 특화된 금융회사다. 스타트업에 펀딩을 하는 것은 매우 극단적인 초고위험 투자 방식이다. 부동산이나 채권시장, 주식시장에 비해서 벤처캐피탈이 주도하는 스타트업 분야는 투자 위험도를 따지면 가장 높은 쪽이다.

지난 4~5년 사이에 제2의 벤처붐이라고 불릴 정도로 창업 열기가 대단했다. 정부와 지방자치단체 등이 이끌고 대기업이 참여하고 벤처캐피탈과 개인 엔젤투자자들이 넘쳐나면서 투자 분위기가 뜨거웠다. 이제 막 창업한 스타트업의 대표가 역량이 있고 개발자 등 팀 구성이 탄탄하다고 판단되면 웬만한 개인투자자들은 시드 단계에서도 끼어들기 힘들 정도였다. 한 스타트업의 사례를 들어보자. 이 스타트업은 창업 2년 만에 플랫폼이 개발되어 매월 1천만 원 내외로 매출이 발생하자 투자자 유치에 나섰다. 이후 회사 가치를 150억 원으로 인정받아 벤처캐피탈 2곳과 개인 2명으로부터 20억 원 상당을 투자받았다. 그리고 2022년에 후속 투자를 받기 위해 새로운 투자자들을 찾아나섰으나 기존 투자자들의 참여를 먼저 확약받고 오라는 냉랭한 대답을 들었다. 그 사이 시장이 얼어붙어버린 것이다. 미국 금리 인상과 함께 이어진 한국은행의 기준금리 인상으로 벤처캐피탈 시장이 직격탄을 맞았다.

왜 스타트업 투자가 이렇게 얼어붙게 되었을까? 그것은 금리 상승의 가장 취약한 고리가 바로 스타트업이기 때문이다. 정기예금 금리가 1%대라고 하면 은행에 돈을 맡겨두더라도 인플레이션을 감안하면 마이너스 금리나 마찬가지다. 그래서 주식에 투자하고, 국내로는 부족해서 미국 등에 투자하는 '서학개미'가 늘어난다. 조금 더 공격적으로 나선다면 여기저기에서 추천받아서 '비상장주식'에 돈을 넣기도 한다. '원금을 날려도 좋다'고 생각하는 과감한 투자자들은 보유 자산을 일부 떼어서 스타트업에 투자하고 오래 기다리는 쪽을 선택하기도 했다. 그러나 시중 금리가 상승하여 정기예금 금리가 5%대로 높아지면 굳이 초고위험 투자에 나서지 않아도 높은 이자를 받을 수 있다. 물가상승률이 변수가 되지만 명목금리 자체가 중요한 투자 판단 기준이 되고, 굳이 무리한 투자를 할 유인이 크게 줄어드는 것이다.

앞으로는 벤처캐피탈 업계에서도 스타트업의 '옥석 가리기'가 진행될 것이다. 지난 10년 동안 2차 벤처붐 열기 속에서 꽃가마를 탔던 스타트업 대표들에게 혹독한 빙하기가 닥쳐왔다. 그러나 이 시기를 견뎌낸다면 동종업계에서 사라진 '전우의 쓰러진 무덤'을 넘어서 한층 성숙한 기업으로 자리잡을 수 있을 것이다.

돈은 꼬리표가 달려 있지 않지만 돈이 불려지는 곳을 귀신같이 알아차리고 소리 없이 움직인다.

부동산시장과
금리

%

주택이나 건물, 토지 등 부동산은 대표적인 자산이다. 개인 입장에서 내 집 마련은 평생의 꿈이고, 주택은 보유 자산 중에서 가장 비중이 높다. 우리나라 사람들이 선호하는 아파트 가격은 그야말로 국민적인 관심사다. 이론적으로 보면 부동산은 그 자체보다는 부동산 자산에서 얻어지는 수익, 즉 임대료가 부동산 가치를 좌우한다. 사과나무가 주택이라고 하면, 임대료는 열매인 사과인 셈이다. 따라서 부동산의 자산 가치를 따질 때 부동산에 매겨진 가격보다는 매월 받게 되는 월세가 얼마인지가 더욱 중요하다. 부동산 가격 자체가 임대료에 따라 달라지기 때문이다. 우리나라에 특이한 임대방식인 전세라고 할지라도 전세보증금을 원금으로 예금에 넣어두었다고 가정하고 그에 따른 이자수익을 임대료라고 가정하면 동일하다.

부동산 임대료는 시장금리에 따라 가치가 오르내린다. 금리가 내려가면 임대료 가치가 상승하고, 자산 가치도 올라간다. 금리가 올라가면 임대료 가치가 낮아지고 자산 가치도 떨어진다. 금리변동에 따라 임대료 가치가 달라지는 것이다. 부동산시장도 단기 시장금리에 따라 움직이지만, 큰 흐름으로 보면 장기 금리에 더 많은 영향을 받게 된다. 월세와 전세 등 임대차 시장은 장단기 금리에 큰 영향을 받고 부동산 매매는 금리와 함께 수요와 공급, 금융과 세제 등 다양한 요인이 작용한다. 거래 단위가 크고 장기간 보유하게 되는 부동산이 가지는 자산으로서의 특성 때문이다. 주택을 구입할 때 주택담보대출을 받을 경우 원리금분할상환 조건이면 대출 기간이 30년으로 아주 길다. 이 때문에 금리 추세가 어느 쪽으로 갈지에 따라 부동산시장 향방이 정해진다.

실제로 아파트나 단독주택, 오피스텔 등에 월세 또는 주세로 적용되는 임대료는 금리에 따라 오르내린다. 만일 금리가 상승하면 임대료가 높아지고, 금리가 하락하게 되면 임대료가 동반 하락하게 된다. 집주인이 받는 월 임대료가 주택 가격에 비해 얼마나 되는지가 임대수익률이 된다. 즉, 임대료를 주택가격으로 나눠서 산출되는 백분율이 임대수익률이다. 다른 조건이 동일하다고 가정하면, 집주인이 소유한 부동산 자산은 정기예금의 원금과 비교할 수 있고, 임대수익률은 금리와 비교되고 금리 움직임에 따라 영향을 받게 된다.

집주인 입장에서는 이자 부담을 임대료에 반영하고 싶겠지만 제약이 많다. 우선 계약 기간이 1년 또는 2년 이상으로 정해져 있어 금리변동이 생기더라도 이를 바로 반영할 수 없어 시차가 생기게 된다. 특히 갑작스럽게 주택이나 상가 임대료를 올리게 되면 임차인의 주거비 부담이 커지게 되므로 정부나 지방자치단체가 임대료 인상률 상한선을 정하거나 임대 기간을 보호해준다. 또는 부동산 임대 시장에 나온 물건의 공급과 수요에 따라 영향을 받기도 한다. 어느 지역에 대체 가능한 주택이나 오피스텔 등이 신축되어 입주가 진행된다면 공급 증가로 임대료 인상에 제약이 생기게 된다. 그럼에도 불구하고 금리가 장기간 상승세를 유지한다면 결국 임대료에 반영된다. 예를 들어, 10억 원짜리 아파트를 임대하고 있는 집주인이 10억 원을 모두 주택담보대출을 받아서 구입했다고 가정한다면 금리 상승에 따른 이자부담이 높아지기 때문에 그만큼 임대료를 높여 받으려고 할 것이다.

▌부동산 가격의 다양한 변동 요인들

전 세계적으로 부동산 임대는 대체로 월세가 기본이다. 하지만 우리나라에는 전세라는 독특한 제도가 있다. 영문으로 'jeonse'로 등록되어 있을 정도로 외국인들에게는 생소한 제도다. 전세는 사적임대차 계약으로 가계부채에 포함되지 않는다. 임대인 입장에서는 부채가 되고, 임차인에게는 자산이 되어 서로 상계되기 때문이다. 다만 넓은 의미의 가계부채에는 포함해야 한다는 주장도 있다. 부동산 금융의 전체 규모를 산정할 때 전세액을 반영하여 집계해야 한다는 것이다.

우리나라에서도 월세가 점점 늘어나는 추세지만, 여전히 전세계약이 많다. 그런데 전세보증금 5억 원인 주택을 계약할 때 서로의 필요에 따라 4억 원은 전세로, 나머지 보증금 1억 원은 월세로 전환하여 내는 방식으로 반전세 계약을 하기도 한다. 이때 적용되는 전월세전환율은 시장 금리를 반영하며, 약간의 가산금리가 적용된다. 금리 상승기에는 이처럼 반전세나 월세 수요가 늘어난다. 최근에는 매주 임대료를 내는 주세가 늘어나기도 했다. 목돈이 들어가는 전세보증금을 마련하기 어렵고, 은행에서 전세자금대출을 받게 되더라도 이자 부담이 커지기 때문이다.

임대 시장은 금리에 큰 영향을 받지만, 부동산 매매는 다양한 요인에 따라 가격이 결정된다. 그러나 부동산 매매 역시 금리가 중요한 변수가 된다. 불과 몇 년 전까지 전 세계적으로 기준금리가 아주 낮거나 거의 없는 제로 금리 수준이 유지되었다. 제로 금리 시대에는 현금이 가장 싼 자산이 된다. 여기에 인플레이션이 가세한다면 현금은 보유할수록 가만히 앉아서 손해를 보게 된다. 이때 부동산 등 자산을 사두면 인플레이션을 상쇄할 수 있다.

우리나라는 주택 중 아파트 비중이 거의 절반을 넘어섰다. 대형 아파트 단지의 특정 평형을 중심으로 거래가 이뤄지고, 실거래가와 호가, 시장 분위기 등에 따라 가격이 오르내린다. 부동산시장에서 아파트는 주당 가격이 수억 원에 달하는 종목이 주식시장에 상장된 것이나 다름없다. 대체로 지역과 평형 등으로 표준화되어 있어 거래가 쉽기 때문이다. 예를 들어, 은마아파트나 압구정 현대아파트가 한 종목으로, 평수별로 나뉘어 부동산 거래소에 상장되어 있다고 보면 된다. 국민주택 규모인 전용면적 85m^{2}인 평형의 아파트는 평면이나 구조, 학군이나 교통편 등이 거의 비슷하다. 아파트 한두 채가 거래되면 전체 아파트 가격이 조정되는 것도 주식 매매와 유사하다. 이전 거래보다 아주 낮은 가격으로 급매가 성사되면 마치 주식시장에서 '기세하한가'로 매매거래가 체결된 것처럼 해당 단지 전체 부동산 가격이 하락한다.

부동산 가격은 정책과 규제에 따라 큰 영향을 받는다. 대체로 활황기에는 매매와 청약은 물론 세제와 금융 등에서 규제가 강화되고 하락기에는 부동산시장을 살리기 위해 규제를 잇달아 해제하고 세금부담을 낮추고 금융 기회를 늘려준다. 그러나 정부 정책이 시의적절하게 적용되지 않을 때가 많다. 이미 시장은 활황 국면에 접어들었는데 정책은 규제 완화를 지속하거나 반대로 불황인데도 규제 강화를 늦추지 않는 정책 시차 문제가 생기기도 한다.

우리나라 인구는 코로나19 이후 2021년부터 감소하고 있으며, 2022년 출산율은 0.78을 기록했다. 이 같은 저출산 고착화는 장기적인 주택수요에 영향을 주게 될 것이다. 다만 인구구조 변화는 장기간에 걸쳐 천천히 진행되므로 지금 당장 영향을 미치지는 않을 것으로 보인다. 그러나 국내외 요인으로 인해 물가 상승이 지속된다면 건축비 자체가 올라 주택 공급을 억제할 수도 있다.

바닥은 어디일지, 언제쯤 매수에 나서야 할지 등 실수요자들의 고민이 많다. 부동산 가격의 향방은 기본적으로 금리 인상폭과 속도에 달려 있다. 앞으로 미국 연준이 정책금리를 어떻게 조정할지에 따라 큰 방향이 잡히게 될 것이다. 금리 인상이 이어지고, 5%대 금리가 상당 기간 유지된다면, 전세 값 하락은 더 진행될 것으로 보는 것이 합리적이다. 여기에 매매 가격 하락이 멈추지 않는다면 전세 값은 더 떨어질 가능성도 있다.

▌꼬마빌딩의 적정 임대수익률은?

한때 조물주 위에 건물주라는 말이 널리 유행했다. 은퇴한 샐러리맨이나 자영업자들이 빌딩을 하나 샀다는 것은 성공의 증표나 다름없었다. 이에 따라 지난 몇 년 사이에 중소형 빌딩, 즉 '꼬마빌딩'이라고 불리는 건물 가격이 크게 올랐다. 굳이 강남이나 인기 지역이 아니더라도, 뒷골목 이면도로에 접했더라도 높은 가격에 거래되었다. 이 꼬마빌딩의 가격은 미래 가격 상승 기대를 담아서 높아졌고, 공실률이나 임차료 수준 등은 무시되기 일쑤였다. 부동산 중개인들은 건물주 시장과 임차인 시장이 따로 있다고 말한다. 또한 건물주가 되려면 부동산 가격 상승으로 얻을 수 있는 이득에 초점을 맞춰야 하고, 임대료 수입을 따진다면 건물주가 되기는 어렵다는 말도 한다.

그러나 꼬마빌딩이나 상업용 건물 매매가 정상적으로 이뤄진다면 임대수익률이 가장 중요한 잣대가 되는 게 합리적이다. 빌딩 가격을 기

부동산의 가격은 결국 임대료 혹은 임대수익률이 결정한다. 이때, 시중의 금리는 중요한 기준점이 된다.

준으로 할 때 임대수익률이 정기예금 금리 수준이 되거나, 만일 대출을 받았다면 대출금리 수준을 반영해야 한다. 지난 몇 년 동안 서울 지역에서 임대수익률은 지역에 따라 차이가 있긴 하지만 평균 2~3%으로 낮은 수준이었다. 더불어 코로나19의 여파로 공실률이 높아졌고 음식점 등은 배달 수요가 늘어 임대 매장 면적이 줄어드는 경향을 보였다.

중소형 빌딩은 아파트와 달리 부동산시장의 비상장종목이라고 볼 수 있다. 건물마다 다른 조건을 갖고 있어 표준화가 불가능하고 구조나 지역, 향과 층수 등이 천차만별이다. 따라서 그만큼 가격 산정이 어렵고, 거래가 쉽게 성사되기 힘들다. 따라서 중소형 빌딩 등 상업용 건물에서 수익성을 따질 수 있는 가장 중요한 잣대는 임대수익률이다.

임대수익률은 오피스빌딩이나 상가 등 상업용 건물에 적용되는 내부 금리라고 볼 수 있다. 예를 들어 100억 원짜리 빌딩을 은행 대출 50억 원을 받아서 구입했을 때 임대수익률이 4~5% 정도 나온다면 적어도 은행 이자는 낼 수 있게 된다. 하지만 공실률이 높고, 임대수익률이 2~3%에 불과하다면 빌딩을 유지하기가 사실상 불가능하게 된다. 최근 몇 년간 비정상적인 거래가 늘어나기는 했지만 앞으로 상업용 건물을 매매하는 과정에서는 미래 건물 가격 상승으로 인한 매매 차익보다는 임대료 수준이나 현금 흐름 등 금리를 따져보게 될 것이다. 원칙으로 돌아가는 부동산 투자가 자리잡게 된다면 바람직한 일이다.

암호화폐,
금리의 미래를 열까

%

암호화폐가 자산이냐, 화폐냐 하는 논쟁이 많지만 우리나라에서는 디지털 자산으로 분류되어 있다. 화폐라고 하기에는 워낙 변동성이 커서 교환수단으로 사용되기 힘들기 때문이다. 하지만 비트코인에서 시작된 암호화폐 생태계에서는 여전히 많은 프로젝트가 진행 중이고 디파이·NFT·메타버스 등으로 확장되고 있다. 그렇다면 새로 등장한 암호화폐 생태계는 금리의 미래를 열어갈 수 있을까? 암호화폐 세상에서 금리는 어떻게 작동될까? 결론부터 말하자면 암호화폐 시장에서 금리가 결정되고 작동하는 방식은 기존 전통 금융권과는 크게 다르다.

블록체인 기술이 바탕이 되는 암호화폐 세계에는 원칙적으로 인플레이션이 생겨날 수 없다. 2009년 첫 등장한 비트코인을 예로 들면 비트코인의 발행량은 2,100만 개로 제한되어 있다. 이 물량이 모두 발행되고 난 뒤에는 추가로 암호화폐 물량이 늘어나지 않기 때문에 인플레이션 발생 요인이 없는 것이다. 오히려 기존 발행량이 묶이거나 소각된다면 디플레이션이 발생하게 된다. 인플레이션이 없다는 것은 그 속에서 작동되는 금융시장에서는 명목금리와 실질금리가 동일하다는 뜻이다. 기존 금융시장에서 실질금리는 명목금리에서 물가상승률을 빼서 추정한다. 하지만 인플레이션이 없다면 실질금리와 명목금리가 동일해지고, 디플레이션이 발생하면 실질금리가 명목금리보다 높아진다.

또한 암호화폐는 탈중앙화를 표방하므로 정부나 중앙은행이 중간에 개입할 수 없다. 컴퓨터 프로그램에 코딩되어 있는 대로 돌아가기 때문에 중간 매개체가 끼어들 여지가 거의 없다. 암호화폐 생태계에서 금리는 컴퓨터 코드 속에서 자동으로 결정된다. 전통 금융권과는 완전히 다른 체계다. 블록체인의 분산원장 방식, 즉 탈중앙화에 따라 컴퓨터 프로그램이 은행이나 증권, 보험 같은 금융회사를 대신한다. 암호화폐를 보관하는 전자지갑은 은행 계좌와 같은 역할을 하며, 메타마스크, 코인베이스 등의 플랫폼이 암호화폐를 이동하거나 연결해주는 역할을 한다.

▎디파이 세상의 '금융 평등'과 리스크

암호화폐 생태계에서 금융은 주로 디파이 프로젝트를 통해 돌아간다. 탈중앙화금융Decentralised Finance를 줄여서 만든 용어가 바로 디파이다. 디파이는 이더리움이 제시한 스마트컨트랙트를 활용해 등장했다. 개인이 은행 대출을 받으려면 대출 신청을 하고 신용평가를 거쳐 승인이 나면 이자율 수준과 기간 등 조건이 정해진다. 그런데 디파이에서는 중개자인 은행을 거치지 않고 사이트에 들어가서 제시된 조건을 찾아보고 선택하여 대출을 받을 수 있다.

현재 디파이에서의 대출은 담보대출만이 가능하며, 개인의 신용도 혹은 소득과 관계없이 동일한 서비스에 대해 동일한 금리가 적용된다.

디파이가 작동하는 모든 과정에서 핵심은 스마트컨트랙트다. 디파이 형태에 맞춘 조건들이 스마트컨트랙트에 담겨 있고 이를 통해 어떤 조건들이 맞춰지거나 시간이 지나면 자동으로 작동되는 것이다. 이 과정에서 암호화폐로 수수료를 받고 이를 기반으로 이자를 지급하는데 실시간으로 변동 적용된다. 디파이 대출은 암호화폐와 법정화폐를 반영한 스테이블코인 등을 담보로 제공하는 담보대출만 가능하다. 상호 신원확인이 어렵기 때문에 신용대출은 불가능하다. 다만 개인에 대한 신용평가가 필요하지 않아 신용이 좋은 사람이나 낮은 사람이나 같은 서비스를 선택한다면 이자율이 동일하다. 전통 금융권에서는 신용에 따라 금리를 달리 적용하는 '금융 차별'이 당연했지만, 이쪽에서는 나름대로 금융 포용이나 '금융 평등'이 실현되는 셈이다.

디파이 프로젝트 분야에서는 컴파운드 랩스Compound Labs가 여러 가지 암호화폐와 스테이블코인 등을 서로 연계해서 예치와 대출을 출범시켰다. 컴파운드는 투자회사인 코인베이스에 COMP 코인을 상장해서 붐을 일으켰다. 이 분야에는 메이커 다오의 다이DAI 그리고 아베AAVE 등이 있다. 이더리움 기반 컴파운드 플랫폼은 이더리움·다이·USDC·USDT 등 다양한 암호화폐를 사용한다. 이를 이용해 유동성풀을 짝지어서 예치와 대출이 연결된다. 유동성풀에 자산을 공급하면 이자를 받고, 대출을 받으면 이자를 내는 방식이다. 컴파운드 대출을 이용하려면 앱을 깔거나 홈페이지에 들어가 이미 보유한 암호화폐 지갑을 연결해서 간단한 절차를 진행하면 곧바로 대출이 실행된다. 아베 대출 플랫폼은 다양한 암호화폐가 활용된다. 고정금리와 변동금리 두 가지 중 하나를 선택할 수 있고, 서로 전환할 수도 있다. 금리 수준은 대출 수요가 많으면 올라가고 수요가 줄면 내려가는 구조다.

대출 플랫폼에서 담보 가치가 급락하면서 사전에 정해놓은 조건에 이르면 자동으로 청산 절차가 진행된다. 청산은 비유하자면 대출에 대한 강제 상환이나 다름없다. 다만 채무불이행으로 신용불량자 꼬리표가 붙지도 않고 밀린 돈을 갚으라는 채권추심회사의 독촉에 시달릴 일도 없다. 말 그대로 프로그램 내에서 담보로 제공한 자산이 처분되는 것으로 끝이다.

전 세계적으로 은행계좌를 갖고 있지 않은 인구는 약 17억 명으로 추정된다. 금융 사각지대에 전 인구의 25%가 놓여 있는 셈이다. 그러나 블록체인 기반 탈중앙화금융은 은행 계좌 없이도 스마트폰과 전자지갑을 갖고 있으면 누구나 이용할 수 있다. 디파이 대출은 모든 개인에 대한 신용을 동일한 수준으로 간주하여 금융 차별이 없는 서비스를 만들어냈다. 다만 신용대출이 어렵다는 약점이 있다. 또한 문제가 발생하면 호소할 콜센터도 없고 민원을 받아줄 곳이 없어서 소비자보호 자체를 포기해야 하며, 스마트컨트랙트 등 컴퓨터 프로그램이 다운되거나 에러가 난다면 실시간 거래를 하기 힘들다. 게다가 담보로 맡긴 암호화폐 가격이 급락하게 되면 청산대상이 되어 큰 손실을 입을 수도 있다. 그러므로 전자지갑 관리 등은 소유자 스스로 책임져야 한다. 이 같은 맹점을 이용한 암호화폐 사기 사건이 심심치 않게 발생하고 있고, 프로젝트나 거래 내용을 정확하게 알지 못해 피해를 당하는 사례가 많으니 주의해야 할 것이다.

디파이 금융 서비스 규모는 가상자산 약세장인 '크립토 윈터'를 겪으면서 축소되었다. 그러나 실질적인 이용자와 참여자들이 지속적으로 늘어난다면 전통 금융권에도 상당한 영향을 줄 것으로 예상된다. 글로벌 금융위기를 계기로 기존 금융권에 대한 반발 속에서 비트코인이 탄생했다. '월가를 점령하라Occupy Wallstreet'는 구호는 아직도 생생하다. 전세계 어느 나라에서나 기존 금융권에 대한 불만은 여전히 높다. 가상자산 세상은 생태계의 확장과 진화가 지속되어야 하고, 개발자와 투자자들이 더 늘어나야 하며, 전통 금융권의 자금이 유입되어야 하는 과제를 안고 있다. 아직 블록체인이라는 기술에는 긍정적이지만 암호화폐에 대해서는 반신반의하는 이들이 많다. 한편 전통 금융권이 암호화폐 분야에 참여하거나 상품과 서비스 프로젝트에 블록체인을 적용하고, 전문회사와 협업하는 사례는 점점 늘어나고 있다. 디파이 등 암호화폐 분야와 전통 금융권의 융합이 조금씩 이루어지고 있는 것이다.

밀턴 프리드먼은 《화폐경제학Money Mischief: Episode in History》서문에서 "거래를 연결하는 그 무엇은 화폐라고 불리며 이는 역사적으로 돌에서부터 깃털·담배·조가비·구리·은·금·종이조각 그리고 회계장부의 항목에 이르기까지 수많은 형태를 취했다. 그렇다면 미래의 화폐는 어떤 형태를 가지게 될까? 과연 컴퓨터의 바이트일까?"라는 알쏭달쏭한 문장을 써두었다. 우리 시대에 등장한 암호화폐는 화폐와 기술이 접목된 전혀 새로운 창작품이다. 이 가상자산 세상에서 새로운 금리의 시대가 열릴 수 있을까?

Chapter
8

생활 속
금리

월급과
금리

%

우리는 알게 모르게 금리 속에서 생활하고 있다. 주변 어디에서나 금리가 작용하고 있기 때문이다. 주식이나 채권, 부동산과 같은 자산시장에서는 금리가 작동하는 것을 분명하게 인식할 수 있지만, 별 상관이 없을 것 같은 분야에서도 금리는 소리 없이 돌아가고 있다. 늘 금리 속에서 지내고 있다고 해도 과언이 아니다. 몇 가지 사례를 예로 들어보자.

▎ 월급·주급·시급, 무엇이 유리할까?

직장인이 받는 월급의 가치는 금리에 따라 변동한다. 월급 500만 원을 받는다고 할 때 1년짜리 정기예금 금리를 적용해보면 금리가 얼마나 큰 영향을 주는지 알 수 있다. 정기예금 금리가 연 1%일 때 월급 500만 원은 약 50억 원을 은행에 넣어두어야 받을 수 있는 이자금액이다(단여기에서 세금은 고려대상에 넣지 않았다). 정기예금 금리가 5%로 상승했다면 약 10억 원을 은행에 맡겨야 월 500만 원씩 이자를 받게 된다. 이 경

세상 친절한 금리수업

우 회사에서 주는 월급은 그대로인데, 금리가 인상되면 월급의 가치가 떨어지는 셈이다. 다른 방식으로 생각해볼 수도 있다. 만일 현재 받는 월급 500만 원이 1년 후에 받을 금액의 현재 가치라고 해보자. 그렇다면 금리가 1%일 때의 월급이 5%로 상승했을 때의 월급보다 높은 가치를 지니게 된다. 금리가 곧 할인율이 되는데 높아진 할인율을 적용하면 장래에 받을 돈의 현재 가치가 그만큼 줄어들기 때문이다.

그렇다면 월급 대신에 주급이나 시급을 받게 된다면 어떻게 될까? 미국 회사들은 주급을 주기도 하고, 프로 운동선수들은 정해진 연봉을 나눠서 주급으로 받기도 한다. 매월 말에 500만 원씩 월급을 받다가, 주급으로 4번에 나눠서 받는다면 직장인의 입장에서는 어떤 선택을 하는 것이 유리할까? 당연히 주급이 더 유리하다. 일종의 선급을 받는 것이어서 시간 가치를 얻게 되기 때문이다. 주급으로 미리 받아서 예금에 넣어둔다면, 그 기간 동안의 이자만큼 이득을 얻게 되는 것이다. 만일 회사 대표가 월급을 주급으로 전환할 때 시중 금리를 고려해서 금리에 해당되는 만큼 주급을 깎는다면 월급으로 받든지 주급으로 받든지 동일해질 것이다. 그러나 현실적으로 회사가 임금 지급방식을 변경하면서 금리까지 따져 책정할 가능성은 거의 없을 것 같다. 같은 논리로 주급 대신 시급이나 일급이라면 더욱 유리해지게 된다. 하지만 주급이나 일급을 받아서 하루살이처럼 이리저리 써버린다면 오히려 월급으로 받는 것보다 불리한 상황이 발생할 수 있다. 물론 이는 당사자의 잘못이지 금리 탓은 아니다.

신용카드와 계, 전당포 그리고 마통

가끔 급전이 필요할 때가 있다. 살다 보면 기한 내에 이자나 요금 납부를 해야 하거나 갑작스럽게 병원비를 내야 하는 일이 생긴다. 때로는 가전이나 핸드폰, 가구 등 내구소비재를 구입할 때 돈이 부족하면 급전을 구하게 된다. 이때 신용카드를 갖고 있으면 현금 서비스나 카드론을 쓰기도 한다. 대부분 그 한도가 100만 원 이하거나 비교적 소액이어서 급전이 필요할 때 손쉽게 빌릴 수 있지만 금리가 얼마인지 정확히 알고 쓰는 일은 드물다. 현금 서비스나 카드론 이자는 카드회사마다 조금씩 차이는 있지만 여신금융협회에 공시된 내용을 보면 2023년 6월 기준, 현금 서비스(단기 카드 대출) 수수료율은 연 4.95~19.95%, 카드론(장기 카드 대출)은 4.0~19.95% 정도다. 카드사별로 신용도와 조건에 따라 차등 적용되지만 금리 상한은 법정최고금리 20%와 비슷하다.

카드를 쓰는 것 자체가 돈을 빌리는 것이다. 신용을 바탕으로 카드회사에서 1달 동안 대신 대출을 해주는 것이나 마찬가지다. 그래서 신용카드라고 불리는 것이다. 미리 내 돈을 넣어두고 결제할 때마다 쓰는 것이 선불카드고, 내 계좌에서 잔고가 바로 빠져나가는 것이 체크카드다. 빅테크회사나 통신 유통회사들이 운영하는 각종 '○○ 페이'는 은행이나 카드회사와 연계되어 계좌에서 돈이 빠져나가는 방식이다. 소액에 한해서 일시적으로 페이회사에서 자금을 융통해주기도 한다. 카드회사들은 신용 부문에서는 거의 적자지만 카드론이나 현금 서비스 같은 금융 부문에서 이익을 내서 운영한다. 신용 부문에서 마케팅 비용을 들여 고객을 확보한 다음 금융 사업을 벌여서 수익을 내는 식이다.

다른 사례로 계모임을 예로 들어보자. 계모임에도 금리는 작동한다. 12명이 1년짜리 계를 들었다면 첫 달에 계주나 계원 중 1명이 목돈을 타가고 다른 계원들은 순서대로 돈을 타가게 된다. 만일 매달 10만 원씩 내는 방식이라면 아마도 첫 번째 곗돈을 타는 사람은 120만 원(10만 원×12)보다 적은 금액을 받게 될 것이고 마지막 곗돈을 타는 사람은 그동안의 이자를 붙여 120만 원보다 훨씬 많은 금액을 받게 된다. 계모임은 지역 농협 또는 신협이나 새마을금고 등 서민금융회사들이 예금이나 대출하는 금리에 비해 훨씬 높은 금리가 적용되어야 성사될 수 있다. 개인 신용을 믿고 계모임을 하기 때문에, 계원 중 누군가 잠적하거나 재무상태가 나빠진다면 계주와 계원들이 그 위험을 분담해야 하기 때문이다. 계모임은 민간에서 성행하던 오랜 관행이었으나 지금은 거의 사라지고 상가나 전통시장 등에서 지인들끼리만 이루어지고 있다. 인도와 동남아 등에는 아직도 예금 거래 계좌가 없는 금융 취약계층이 많다. 이러한 나라들에서는 우리나라의 계모임 비슷한 사적금융이 이루어지고 있는 것으로 알려졌다. 금융결제원에 따르면 우리나라 성인의 예금계좌 비율은 98%에 달하지만 개발도상국은 54% 선으로 절반이 조금 넘는 수준이다.

만일 전당포를 찾아간다면 더욱 높은 금리를 볼 수 있다. 아마도 법정최고금리보다 높을 가능성도 있다. 아주 오래 전에는 시계나 반지나 팔찌, 거북이 등의 금붙이를 맡기고 돈을 빌렸다. 지금은 많이 사라졌지만 요즘에는 명품이나 노트북, 태블릿 같은 IT 제품을 맡아준다고 한다.

뉴스에 가끔 수백 퍼센트 수천 퍼센트에 달하는 금리를 매기는 불법 사금융 피해가 나올 때가 있다. 최근에는 금리 상승폭이 높아서 대부업체는 최고금리 20%를 지키면서 영업을 하기가 어려워져 사실상 개점휴업 상태라고 한다. 카드사들이 19.95%까지 금리를 매기는 상황에서 대부업체들은 그 정도 금리로는 자금 조달이나 운용이 거의 불가능하기 때문이다. 이 때문에 금융 취약계층은 제도권에서 가장 금리가 높은 대부업체마저 이용하지 못하고 음성적으로 영업하는 불법 사금융을 찾아가게 될 수밖에 없는 것이다.

사실 급하게 돈이 필요할 때 직장인들에게 가장 유리한 것은 은행 마이너스통장, 소위 마통이다. 직장인을 대상으로 한 신용대출이라 주택담보대출보다 금리가 높지만 카드론에 비하면 훨씬 낮은 수준이다. 담보가 있으면 만일 연체되었을 때 원금 일부라도 되돌려 받을 수 있어서 담보대출금리가 신용대출금리보다 낮게 책정되는 것이다. 그러므로 담보를 제공할 자산이 있다면 담보를 맡기고 돈을 빌리는 것이 금리 면에서 유리하다. 몇 년 새 크게 올랐지만 2023년 3월 은행 마이너스통장의 평균금리는 연 6.4% 수준이다. 금융회사 중에서 은행의 대출금리가 가장 낮은 것은 예금으로 자금 조달이 가능하고, 신용도가 높아 조달금리가 가장 낮기 때문이다. 그렇지만 은행에서 신용대출을 받기 위해서는 연소득이나 개인 신용등급이 높아야 하는 등 까다로운 조건을 통과해야 한다.

변동금리와
고정금리

%

은행이나 금융회사에서 돈을 빌릴 때 변동금리로 할지, 고정금리로 할
지 고민될 때가 많다. 상식적으로 본다면 금리 상승이 예상될 때는 고
정금리로 하고, 금리 하락이 예상되면 변동금리로 하는 것이 유리하다.
하지만 금리 방향이 어느 쪽으로 갈지 예상하기란 어려운 일이다. 금리
나 주가, 물가 등이 어떻게 될지는 귀신도 모른다는 것이 정답이다. 이
를 미리 알 수 있다면 돈 버는 것은 식은 죽 먹기나 다름없다.

간단히 말해서 장기 대출이라면 고정금리로 하고, 단기 대출이라면
변동금리로 하는 것이 나을 수 있다. 개인이 주택자금을 빌리거나, 기
업이 설비투자 자금을 빌릴 경우에는 장기적인 자금조달과 상환계획을
세워야 하기 때문에 고정금리가 유리하다. 대출 기간 동안 금리변동으
로 인한 불확실성을 줄일 수 있기 때문이다. 이때 대출 당시 금리 수준
을 감당할 수 있을지 따져보는 것은 기본이다. 개인이라면 소득을 기준
으로, 기업이라면 매출과 순이익, 현금 흐름 등을 고려해야 한다. 고정

금리 대출을 받으면 중간에 돈을 갚을 경우 중도상환수수료를 내게 된다. 왜냐하면 은행이 자금을 조달할 때는 정기예금이나 은행채 등 장기 자금을 원천으로 하기 때문에 만일 만기 이전에 상환을 받게 되면 여러 가지 비용이 발생하기 때문이다.

하루가 다르게 치솟는 금리는 많은 이들을 숨막히게 한다. 이른바 '영끌'을 해서 아파트를 샀다면 재앙이 아닐 수 없다. 1~2년 동안 3%대였던 주택담보대출금리 수준이 2023년에는 6%대까지 올랐다. 은행연합회 공시에 따르면 5대 시중은행에서 주택담보대출을 받으면 2023년 3월 초 기준으로 변동금리는 신규 코픽스 기준으로 5~7.5% 수준이다. 코픽스는 은행들이 단기자금을 조달하는 평균금리를 말한다. 단기주택금융공사 보증을 받는 2년 만기 주택담보대출 변동금리는 4.9~7.25%로 조금 낮은 편이다. 고정금리는 금융채 5년물 금리를 기준으로 적용하는데 5.4~7.4% 선이다. 미국이 금리 인상폭이나 속도를 늦추고 있고, 금융 당국에서 금리 인상 자제를 요청해서인지 주춤해졌다. 계속 말하지만 앞으로 우리나라의 금리 정점이나 인상 속도는 결국 미국 하기 나름이란 얘기다.

▌예금과 대출금리

사실 금리는 금융시장을 돌아가게 하는 보이지 않는 손이다. 금리는 정말로 힘이 강해서 보이는 듯 보이지 않은 듯 큰 일을 해낸다. 금융상품이든 자산이든 모든 자금 흐름을 좌지우지하는 것이다. 그렇다면 여기서 금리가 어떻게 결정되는지 다시 한번 짚고 넘어가보자. 예를 들어 시중은행의 주택담보대출은 조달비용을 기본으로 위험도에 따라 추가로 이자를 부가하고 여기에 마진을 붙여서 정해지는 구도다. 은행은 고액이든 소액이든 예금자들에게서 자금을 조달하게 된다. 예금자에게 주는 이자는 보통예금이라면 아주 낮게 책정되고 정기예금이나 적금이라면 상대적으로 높게 정해진다. 보통예금은 언제든지 내줘야 하기 때문에 상환 기간이 긴 정기예금이나 적금과 달리 대출에 활용하기 어렵다. 따라서 아주 낮은 이자를 적용하는 것이다. 외국에서는 이자를 주기보다는 계좌 유지 수수료를 받기도 한다. 우리나라에서도 여러 차례 계좌 유지 수수료 제도가 논의되었으나 도입되지는 않았다. 한때 미국계 씨티은행이 도입했으나 사실상 유명무실해졌다.

대출금리를 정할 때 은행이 정기예금이나 적금 등에 적용되는 조달금리보다 높아야 하는 것은 당연하다. 여기에 지점을 설치하고 직원들에게 임금을 주고 판매를 관리하는 등 경상비용에 따르는 원가가 반영된다. 예금보험료, 신보보증료, 기술신보 보증료는 물론이고 담보대출에 따르는 등기비용 등을 은행이 부담한다면 이 또한 원가에 포함된다. 중요한 변수는 연체가 되었을 때다. 연체가 되거나 부실화되면 아무리 담보가 있다고 하더라도 서류를 처리하거나 담보물 처분 절차 등을 거쳐야 하는 등 은행으로서는 손실이 발생한다. 금리를 산정할 때 가장 중요하게 고려하는 것은 유사한 기존 대출 상품에서 발생한 연체율과 이로 인한 예상 손실이다. 대출자의 재무상태와 원리금 상환 실적 등을 고려한 신용도와 만기 등이 금리 산정에 반영되는데 이는 은행이 오랜 기간 대출 영업을 해오면서 축적된 고객데이터를 기반으로 한다. 은행간 금리를 둘러싼 가격 경쟁이 치열한 오늘날 금리산정 기법과 리스크관리는 더욱 중요해지고 있다. 은행 주택담보대출 연체율은 2023년 초까지 미미한 수준이었지만 점차 높아질 것으로 예상되기 때문에 가산금리는 더 오를 것이다. 은행 역시 주식회사 형태여서 주주를 위한 배당을 해야 하고, 세금을 내야 해서 이에 따라 일정한 마진을 붙이게 된다.

소위 돈 장사는 떼이지만 않는다면 무조건 돈을 벌게 되어 있다고 한다. 돈 장사에서는 리스크 관리가 핵심이다. 그래서 신용에 따라 금리가 차이가 나고, 가능한 한 우량 고객에게 대출을 해주려 한다. 그러나 그만큼 금리 수준이 낮게 적용되어 수익률이 낮아지는 것은 감수해야 한다. 다만 금리 상승기에 들어가면 다른 모든 요인들이 다 높아지는 쪽으로 작동해서 금리가 눈덩이처럼 불어난다. 일종의 관성이 작용하는 셈이다.

대출을 받을 때 신용점수가 높으면 상대적으로 더 낮은 금리를 적용받을 수 있다. 점수를 올리려면 카드 결제나 공공요금 납부 등을 연체하지 말고 기한 내에 해야 한다. 때에 따라 은행에서 신용대출을 받아서 꼬박꼬박 이자를 내고 원금을 잘 갚으면 점수가 올라간다. 카드론도 마찬가지지만 금리가 비싼 편이다. 요즘은 여러 사이트에서 자신의 신용점수를 알려주고 유튜브에서 신용점수를 올리는 방법을 상세하게 설명해주니 참고해보는 것도 좋을 것이다.

▌금리 인하요구권, 당당하게 활용하라

불과 2년 사이에 대출금리가 크게 올랐다. 신용대출이든 담보대출이든 기준금리 인상에 따라 은행·카드·보험 등 금융회사의 대출금리가 덩달아 상승해 부담이 커졌다. 기존 대출을 갚을 수 있다면 다행이지만 불가피하게 유지하게 된다면 매달 내는 이자를 낮추는 방법을 찾아야 한다. 이때 금리 인하요구권을 당당하게 활용하는 것이 좋다. 금리 인하요구권은 금융회사에서 홈페이지나 안내문을 통해 적극적으로 홍보하고 있긴 하지만 더욱 활성화되어야 할 제도다.

기존 대출에 대한 금리를 인하해줄 것을 요구하는 권리는 법으로 보장되어 있다. 본인의 소득이 올랐거나 승진을 했거나 뭔가 긍정적인 재산상의 변화가 생겼을 때는 은행에 신청해보는 것이 좋다.

금리 인하요구권은 은행법으로도 보장되어 있고 저축은행·카드사·보험회사 등 제1, 2금융권 모두를 대상으로 신청할 수 있는 대출자들의 권리다. 가장 중요한 것은 최초 대출 당시와 비교해서 현재 상환능력이 개선되었다는 것을 입증하는 것이다. 승진이나 이직, 전문자격증 취득 등을 통해서 소득이 늘어났거나, 자산 증가나 부채 감소로 인해 재산이 늘어났다면 금리 인하요구권을 신청해볼 만하다. 신용평가회사가 운영하는 개인신용평점이 개선되었다면 받아들여질 가능성이 높다. 물론 은행마다 조건이 다르고 개인마다 여건이 천차만별이어서 얼마나 금리를 낮춰줄지는 경우에 따라 다르다. 연봉이 올랐어도 이미 최저금리를 적용받고 있다면 더 이상 금리가 인하되지 않을 수도 있다. 신청 방법은 영업점이나 홈페이지를 통해 금리인하신청서·재직증명서·근로소득원천징수 영수증·신용상태 개선 증빙자료 등을 제출하면 된다. 참고로 햇살론 같은 정책자금 대출이나 예적금이나 펀드·신탁 등을 담보로 한 대출, 신용등급에 따라 금리 차이가 없는 대출 등은 금리 인하요구권 대상이 아니다.

은행연합회 자료에 따르면 2022년 하반기 중에 국내 은행들은 102만 9천여 건의 금리 인하 신청을 받았고, 이중 31만 6천여 건에 대해 대출이자를 낮춰주었다. 이 자료에 따르면 은행의 금리 인하요구권 수용비율은 30.6%로 10명 중 3명은 금리 인하 혜택을 본 셈이니 승진이나 연봉 인상, 재산 증가 등의 조건이 만족한다면 일단 신청해보는 것이 이자 관리에 유리하다.

보험회사의 예정이율

생명보험이든 손해보험이든 보험에 가입할 때는 보상범위와 특약, 사고를 당했을 때 받게 되는 보험금과 환급금 등을 따져보게 된다. 이를 토대로 매달 내야 할 보험료가 얼마인지, 부담할 만한지 등을 고려해서 가입 여부를 판단하게 된다. 이때 월보험료에 영향을 주는 것이 바로 공시이율과 예정이율, 최저보증이율 등이다. 언뜻 보기에도 이율이라고 되어 있어 금리와 연관이 있을 것이 확실해 보인다.

보험회사가 제시하는 공시이율은 가입자가 만기에 받는 환급금이나 중도에 보험을 해약할 때 받는 중도환급금을 계산할 때 적용한다. 공시이율이 높을수록 가입자가 내는 보험료는 낮아지고, 받는 환급금은 높아진다. 공시이율은 보험개발원에서 공표하는데 은행의 1년 정기예금 금리와 회사채 금리, 보험약관 대출금리 등을 고려해서 정해진다. 예정이율은 보험상품을 만들 때 만기까지 어느 정도 수익을 낼 수 있을지를 추정해서 만들어낸 금리다. 보험회사는 상품별로 보험료를 받아 보험 기간에 맞춰서 국공채나 은행채, 회사채 등 채권과 다양한 대체투자 상품에 운용한다. 보험상품은 회사별로 큰 차이가 없어서 자금운용 역시 비슷하게 이루어진다. 보험 기간은 보통 장기여서 30년 국채등 장기상품에 투자해 보험 기간과 상품을 매칭시킨다. 자산 부채 관리(ALM)가 가장 기본적인 리스크 관리 수단이다. 만일 보험회사의 자금운용 역량이 뛰어나 예정이율이 높아지면 가입자가 내는 보험료가 낮아지게 되고 반대로 예정이율이 낮아지면 보험료가 높아진다.

국민연금에 가입하면 정기적으로 정해진 연금 수급 연령이 되었을 때 받을 수 있는 예정 연금액을 통지해준다. 이 예정 연금액을 산정할 때 물가상승률, 연금 운용수익률 등이 크게 영향을 준다. 운용수익률을 높이려면 금리가 높은 채권에 투자하거나 주식이나 대체투자 상품에서 높은 수익을 얻어야 가능하다.

보험이나 연금 등은 워낙 가입기간이 장기여서 작은 금리 차이라도 몇 십 년씩 적용되면 실제로 받는 금액은 크게 벌어지게 된다. 보험료 납부를 마친 후에 남은 보장기간이 길고, 국민연금이나 퇴직연금, 개인연금 등은 기간을 설정하기 나름이지만 상대적으로 받는 기간이 길어질수록 금리의 영향이 더욱 커진다.

▎ 상품권 할인율과 신용도

상품권을 사고팔 때는 주로 백화점 상품권과 구두 상품권을 거래하는데, 두 상품권은 가격 차이가 많이 난다. 예를 들어 10만 원짜리 상품권이라면 백화점 상품권은 9만 5,000원 선에서 거래되지만, 구두 상품권은 8만 원 선으로 무려 2만 원이나 할인된 금액으로 거래된다. 백화점 상품권도 발행사에 따라 조금씩 가격 차이가 있다. 백화점에 가거나 구두가게에 가면 같은 10만 원으로 쳐주지만 현금으로 사고팔 때 가격이 달라지는 것도 역시 금리가 작용하고 있어서다. 액면가에서 일정 금액을 뺀 금액으로 상품권이 거래될 때 액면가와 실제 거래가의 차이를 할인율이라고 한다. 여기에서 할인율은 금리와 동일하다.

발행회사마다 할인율이 달라지는 것은 어떻게 보면 당연하다. 금리가 돈의 가치인 것처럼 상품권 역시 제한된 화폐라고 볼 수 있다. 법정

화폐는 아니지만 10만 원이라는 법정화폐 가격이 표시되어 발행회사의 가게나 쇼핑몰에서만 제한적으로 사용할 수 있다. 상품권은 발행되어 상품 구입에 사용될 때까지 현금 대용으로 교환되거나 대체 결제 수단으로도 사용될 수 있다. 여기에서 적용되는 할인율은 발행회사의 신용도에 따라 시장에서 결정된다. 만일 상품권이 사용되기 전에 회사가 부도가 나거나 상품을 생산하거나 공급하지 못하게 되면 실제 사용하기 어려워질 위험이 있으므로 발행회사의 신용등급이 가장 중요한 판단 기준이 되는 것이다. 여기에 회사 평판이나 소비자들의 선호도 등이 추가로 상품권 할인율에 반영된다.

정책자금 혜택,
누군가 금리를 부담한다

%

우리나라는 청년과 서민, 저소득층 같은 취약계층을 지원하기 위한 정책 금융 상품이 상당히 많다. 또한 자영업자와 중소기업을 대상으로 하는 정책자금 대출도 다양하다. 코로나19로 인한 경기 침체 속에서 새로운 정책 상품들이 등장하기도 했다. 이러한 정책자금 대출의 금리는 가장 금리가 낮은 은행 대출보다 낮고, 저축 상품은 은행보다 더 높은 이자를 준다. 금리의 원리에는 들어맞지 않지만 취약계층을 대상으로 한 정책 금융 상품의 혜택이 좋은 것에는 다 이유가 있다. 정부 예산에서 지원되거나 은행권에서 출연금을 내는 식으로 공공기관에서 보증을 해주기 때문이다. 실세금리와 정책 상품의 금리 차이만큼 누군가 그 금액을 부담하고 있는 것이다.

▌소액생계비대출 특례보금자리론

2023년 3월 말 최대 100만 원까지 당일 대출을 해주는 소액생계비대출을 받기 위해 많은 사람들이 몰려들었다. 소액생계비대출은 대부업체조차 이용이 어려워 불법 사금융에 노출되기 쉬운 취약계층을 대상으로 한 급전 대출 상품이다. 지원 대상은 연소득 3,500만 원 이하이면서 신용등급이 하위 20% 이하인 사람들이다. 금리가 15.9%로 높게 책정되었지만 사전예약이 진행되자 서민금융진흥원 홈페이지와 콜센터가 한때 마비될 정도였다. 금융 교육을 받고 성실하게 갚아나가면 연 9.4%까지 금리가 낮아질 수 있지만 최초 금리는 다소 높은 수준이다. 소액생계비대출을 받기 위해 일부러 신용평점을 낮추는 일까지 생길 정도로 이 대출 상품은 큰 인기를 끌었다. 코로나 사태 이후 취약계층과 저소득층의 급전 수요가 얼마나 많은지 알려주는 사례다. 소액생계비대출 재원은 은행권과 한국자산관리공사(캠코)에서 각각 500억 원씩 기부하여 마련되었다. 늘어난 수요를 충당하기 위해 캠코 산하 국민행복기금에 쌓여 있는 초과회수금을 금융권에서 기부받을 예정이다.

2023년 초 새로 나온 특례보금자리론은 나온 지 두 달 만에 신청금액이 26조 원을 기록했다. 특례보금자리론은 기존 대출에서 갈아타거나 새로 주택을 구입할 때 신청할 수 있다. 기존의 안심전환대출과 보금자리론 적격대출 등을 통합한 것으로 고정금리 주택 금융 상품이다. 소득 요건이 없고 주택 가격 9억 원까지 대출을 받을 수 있다. 주택금융공사는 주택저당증권(MBS)를 발행해 자금을 조달하는데, 2023년 4월 기준 연 4.05~4.45% 기본금리에 최대 0.8%p 우대금리를 적용하고 있다. 시장금리를 고려할 때, 주택금융공사로서는 대출이 늘어날수록 손해를 보는 역마진 상품이다. 금융공기업인 주택금융공사가 정부를 대신해서 주택자금을 지원해주고 있다. 특례보금자리론에 수요가 몰리면서, 은행들의 주택담보대출금리에 간접적으로 영향을 주고 있다.

청년희망적금과 청년도약계좌

청년층의 목돈 마련을 지원하기 위한 금융상품이 인기를 끌고 있다. 바로 청년희망적금과 청년도약계좌로 사회초년생이나 저소득층 청년들이 경제 기반을 다질 수 있도록 돕는 정책금융 상품이다. 이 상품들은 통상 은행의 비슷한 상품에 비해 2배 가까이 높은 금리를 준다. 현실적으로는 불가능한 조건이지만 정부 예산으로 기여금이나 보조금이 지원되기 때문에 가능한 상품이다.

청년희망적금은 만 19~34세 청년 중에서 총급여가 3,600만 원 이하인 경우 가입할 수 있다. 2년 만기 자유적립식으로 매월 최대 50만 원까지 넣을 수 있다. 보통 은행 정기적금이나 정기예금 이자율은 4% 정도지만 청년희망적금의 금리는 은행 이자에 저축장려금 비과세혜택을 포함하여 2023년 4월 기준으로 9%를 약간 웃도는 수준으로 매우 높다. 납입 금액에 대해 1년차에는 2%, 2년차에는 4%까지 지원해준다. 2023년 6월부터 시작된 청년도약계좌 역시 높은 이자를 지원한다. 최대 만기는 5년으로 월 70만 원을 꼬박꼬박 넣으면 약 5,000만 원의 목돈을 손에 쥘 수 있다. 만 19~34세 청년들을 대상으로 하며, 총급여가 6,000만 원 이하이고, 가구 소득이 중위 180% 이하여야 한다. 다만 과세소득이 없는 무소득자는 가입할 수 없다. 금리는 가입 후 3년은 고정금리, 이후 2년은 변동금리가 적용된다. 2,400만 원 이하 저소득 청년에게는 약 0.5%p의 우대금리를 적용할 수 있도록 은행 등과 협의할 예정이라고 한다.

청년도약계좌는 가입자의 소득수준과 납입 금액에 따라 정부 기여금을 지원받을 수 있다. 개인소득이 낮을수록 많은 지원이 되도록 소득구간별로 차등을 두고 있다. 개인소득이 2,400만 원 이하인 청년 가입자는 월 납입금 한도가 40만 원이고 기여금 매칭 비율이 6%로, 매월 2만 4천 원씩 기여금을 받게 된다. 만일 40만 원보다 더 많게 입금할 경우 한도 70만 원까지 넣을 수 있지만 기여금은 변하지 않는다. 소득구간별로 기여금은 최대 6%에서 최소 3%(소득 6,000만 원 이하일 경우 기여금 2만 1천원)까지 차이가 난다. 또한 만기에 이자를 찾을 때 내는 세금 또한 면제된다. 단, 청년희망적금과 청년도약계좌는 중복 가입할 수 없다.

이 같은 청년 지원 금융 상품이 높은 이자를 받을 수 있는 것은 추가로 지급하는 이자를 부담하는 누군가가 있기 때문이다. 즉, 정부가 예산을 투입해서 추가 이자를 기여금 형태로 지급하는 것이다. 청년도약계좌에는 정부 예산이 3,678억 원 편성되었다. 시중금리나 비슷한 금융상품보다 적금이나 예금의 금리가 높다는 것은 결국 그만큼 누군가 부담해줘야 가능하다. 정책자금이나 서민 지원자금은 정부 예산일 경우가 많으며, 경우에 따라 금융공기업이 보증을 해주거나, 은행 등 금융기관들이 출연금을 분담하기도 한다.

어디에서나
금리는 작동한다

%

오늘날 휴대전화는 한 사람이 1대 이상을 보유하고 있고 항상 곁에 두고 가장 많이 사용하는 제품이다. 이 휴대전화를 구입하는 과정에도 금리가 작동한다. 휴대전화를 새로 사거나 바꾸려면 기기 값이 웬만한 가전제품 못지않게 비싸다. 만일 일시불로 휴대전화 값을 지불하지 않고 할부로 구입했다면 원금과 이자를 나누어 내야 한다. 일반적으로 통신회사별 단말기 할부수수료는 5.9%다. 할부수수료라고 하지만 실제로는 할부 이자다. 기기 값이 비쌀수록 할부 원금이 높아지고, 할부기간이 길어질수록 더 많은 이자를 부담하게 된다. 대체로 통신사 요금제에 연동하여 할부 원금과 이자를 합쳐서 지불하게 되고, 신용카드나 은행 자동이체로 결제가 이루어진다. 이 때문에 매달 이자를 얼마나 내는지 정확하게 알지 못하고 넘어가는 경우가 많다. 2021년 공정거래위원회는 통신회사들이 부과하는 할부금리가 오랫동안 동일하게 유지되자 담합 여부를 의심하고 조사에 들어간 적이 있다. 당시에는 기준금리가 워낙 낮아 휴대전화 할부 이자가 상대적으로 높게 책정되었다는 여론이 있었기 때문이기도 했다. 그러나 통신사들은 보증보험·할부채권 매입 비용과 기타 비용 등을 고려하면 적절한 수준이라며 담합 가능성을 부인했다.

▌커피 선불충전금과 금리

카페에서 커피를 구입하기 위해서 고객들이 선불카드를 구매하여 돈을 충전해두는 일이 흔해졌다. 선불충전금은 고객들이 소액을 예치해둔 것이 누적되면 금액이 커지고, 미사용금액 또한 생겨나기 때문에 관련 기업의 자금운용에 큰 이득을 제공한다. 그렇다면 커피 선불충전금에는 금리가 어떻게 작동할까?

커피 선불충전금은 스타벅스코리아가 2014년에 음료를 비대면으로 주문할 수 있는 사이렌오더 방식을 도입하면서 생겨났다. 고객 입장에서는 주문과 결제를 미리 해둘 수 있고 대기시간을 줄일 수 있어 합리적인 수단으로 자리잡았다. 회사 입장에서는 미리 돈을 받아 주문을 확실하게 하려는 목적이었으나 점차 충성고객을 확보할 수 있는 마케팅 수단이 되었다. 이후 할리스·투썸플레이스·이디야 등 경쟁사들이 앞다투어 선불충전제도를 도입했지만 아직까지 그 금액은 미미한 수준이다.

스타벅스는 포인트나 골드레벨 등 다양한 마케팅 방식을 동원해서 고객이 선불충전금을 늘리도록 유도한다. 일정 금액을 내고 구입하는 커피 상품권, 즉 기프트카드도 선불충전금과 비슷한 개념이다. 2022년 말 기준 스타벅스가 보유한 선불충전금은 2,983억 원으로, 2021년

(2,503억 원)보다 19% 증가했다. 회원 수는 1천만 명을 넘어섰다고 한다. 스타벅스는 이 자금을 주로 자산유동화기업어음(ABCP)에 투자하고 있다. ABCP는 매출채권, 자산담보부증권, 주택저당채권 등 다양한 자산을 담보로 발행하는 기업어음(CP)을 말한다. 2023년 4월 기준 ABCP 금리는 신용등급이 가장 높은 A1 3개월 평균이 4.5% 내외이며 A2 등급 3개월 평균은 9% 내외로 형성되어 있다.

고객들은 그다지 크지 않은 금액을 주문 편의를 위해 충전해두지만, 실제로는 이자를 전혀 받지 않는 형태로 '무이자 소액예금'을 들어둔 것이나 다름없다. 단지 모바일 등 전자 기록이나 카드 형태로 금액만 표시되어 있을 뿐이다. 그러나 스타벅스는 소액을 모으고 모아서 약

스타벅스 선불충전금 액수는 우리나라의 경우 2022년 말 기준 3천억 원에 육박한다. 스타벅스는 이 부담이 없는 부채를 자산유동화기업어음에 투자하고 있는 것으로 알려져 있다.

세상 친절한 금리수업

3,000억 원의 자금을 보유하게 됨으로써 웬만한 규모의 저축은행이나 새마을금고 수준으로 자산을 늘렸다. 선불충전금은 스타벅스 대차대조표에 회계상 부채인 선수금으로 잡힌다. 마치 은행이나 저축은행 등이 예금을 받으면 부채로 잡는 것과 동일하다.

다만 스타벅스의 선불충전금은 은행 등 금융기관과 달리 '부담이 없는' 부채다. 이자를 줄 필요도 없고, 금융회사에 적용되는 엄격한 규제를 걱정해야 할 필요도 없다. 따라서 회사는 아무런 제약 없이 자금을 운용해서 이익을 챙길 수 있게 된다. 커피 등 음료를 팔아서 매출을 올려 수익을 내기도 하지만, 선불충전금을 운용해서 금융이자 수입을 챙길 수 있게 된 것이다. 이 때문에 2021년 국회에서 선불충전금을 임의로 활용하는 것에 대한 문제가 제기되기도 했다.

▎ 새차 뽑기와 금리

코로나19 발생 이후, 반도체 수급난과 전 세계 물류 대란 여파로 새 차를 사려고 하면 1년 이상 기다려야 하는 일이 다반사였다. 인기 차종은 최대 30개월이나 대기하는 일이 벌어지기도 했다. 그런데 2023년에 들어서면서 상황이 확 바뀌었다. 인기 차종의 대기 기간이 30개월에서 10개월로 확 줄어든 것이다. 계약 즉시 인도하는 차량까지 생겨났다. 무슨 일이 일어난 것일까?

경제학 원리에 따르면 수요와 공급에 변화가 있었기 때문이다. 그러나 자동차 생산량은 거의 변화가 없다. 공장을 새로 지어서 생산량을 늘리려면 적어도 3~4년이 걸린다. 한때 차량용 반도체 공급에 문제가 생겨서 자동차 생산에 차질을 빚었지만 그 문제는 이미 해결된 시점이었다. 핵심은 바로 자동차를 살 때 받는 대출금리가 확 높아졌기 때문이다. 2022년 초에 2~3% 수준이었던 자동차 할부금융 금리가 2022년 말에는 7% 선까지 높아졌다. 자동차를 사기 위해 대리점을 찾아가면 먼저 차종과 모델, 색상 옵션 등을 정한다. 그러나 현실적으로 가장 중요한 것은 할부 조건이다. 현금으로 돈을 한꺼번에 내고 차를 사는 경우는 생각보다 많지 않다. 보통은 자동차 할부금융을 많이 활용하는데 자동차 딜러가 할부기간과 원리금 상환 조건을 제시한다. 그런데 할부금과 이자율이 확정되는 것은 새 차를 받는 시점이다. 이 시점에 금리가 너무 많이 오르자 신차 구입 계약을 포기하는 사람들이 늘어난 것이다. 기존에 보유 중인 차를 더 타다가 금리가 떨어지고, 다른 신모델이 나오면 그때 사는 쪽으로 돌아선 고객이 많아졌다. 금리가 크게 높아지자 중고차 가격이 하락한 점도 신차 수요에 영향을 주었다.

1년 만에 금리가 2배 이상 오른 것은 할부금융을 담당하는 캐피탈 회사들의 조달금리가 높아졌기 때문이다. 레고랜드 사태에다가 한전채 대량 발행, 부동산 프로젝트 파이낸싱 무산 등으로 채권시장이 얼어붙어 여신전문금융회사채 금리가 급등했다. 캐피탈 회사들은 여신전문금융회사이기 때문에 은행처럼 개인들의 예금을 받지 못한다. 따라서 자체 자금을 활용하거나 채권을 발행해서 자금을 조달하게 된다. 큰 회사라고 해도 자체 자금만으로는 영업을 하는 데 한계가 있기 때문에 대부분 시장에 채권(여신금융채)을 발행해서 자금을 확보한다. 매월 발표되는 전체 채권 발행 실적을 보면 캐피탈 회사 채권이 상당한 비중을 차지한다.

여신금융회사인 캐피탈과 신용카드가 발행하는 채권은 은행에 비해 금리가 더 높다. 업종의 특성이나 규모로 볼 때 상대적으로 신용도가 낮은 편이다. 조달금리가 높기 때문에 자동차 금융이나 카드론 역시 금리가 높게 책정되는 것이다. 신차 구매가 줄어들자 자동차 회사들이 신차 구매 고객을 대상으로 양도성예금증서(CD) 금리와 연동되는 변동금리부 할부 프로그램을 내놓기도 했다. 캐피탈 회사들보다 더 좋은 조건을 제시해서 차량 판매를 늘리기 위한 영업전략이다. 차를 구매하려는 사람들은 이 같은 혜택을 잘 이용해보는 것도 좋을 것이다.

▌미술시장에 찬바람, 고금리 탓인가

초호황을 보였던 미술시장에 갑자기 찬바람이 불어닥쳤다. MZ세대의 참여로 새로운 장을 열어가던 미술시장이 얼어붙자 그 원인을 두고 설왕설래가 이어졌다. 한 나라의 미술품 가치 평가와 거래는 대체로 그 나라의 경제력에 비례한다고 알려져 있다. 중국 개방 이후 중국 화가들의 작품 가격이 천정부지로 치솟고 상하이와 베이징 등 중국 본토는 물론 홍콩의 미술품 거래도 급속하게 늘어났다. 현대미술에서 미국 작가들의 작품이 가장 높은 가격을 받는 것은 미국이 현대 문화예술을 주도하고 있기 때문이다. 제2차 세계대전을 전후한 시기에 독일과 동유럽 등에서 활동하던 작가들이 나치와 소련 등의 박해를 피해 뉴욕 등 미국으로 이주한 것이 큰 영향을 주었다. 물론 가장 중요한 요인은 압도적으로 세계 1위를 차지하고 있는 미국의 경제력이다. 경제가 고속성장을 하고 고자산가들이 급속하게 늘어나게 되면 문화예술 수요가 증가하게 마련이다. 국부가 증대될수록 그에 걸맞게 미술품 투자가 늘어나는 것은 유동성 효과라고 할 수 있다.

우리나라 미술시장은 코로나 위기 중에 2030세대의 가세로 급속한 시장 팽창을 경험했다. 서울과 부산 등에서 열린 아트페어에 때때로 오픈런이 벌어지고 BTS 멤버 RM이 다녀간 전시회에는 많은 사람들이 몰렸다. 미술품 공동구매 등 온라인 거래가 늘어나고 MZ세대 등이 새로운 컬렉터로 등장했다. 이들은 '아트테크'라고 부를 정도로 미술품 투자에 열기를 불어넣었다. 코인 투자로 큰 돈을 벌어들인 이들이 미술품 구매에 나선 사례도 많았다고 한다.

문화체육관광부 예술경영정보센터가 집계한 바에 따르면 2022년 미술시장 규모는 1조 377억 원으로 1년 전인 2021년에 비해 37% 증가했다. 선진국은 GDP의 0.1~0.2% 수준이지만 우리나라는 아직 0.02%로 낮은 편이다. 아트바젤과 UBS가 발행한 〈아트마켓리포트 2022〉에 따르면 우리나라 미술시장은 세계 미술시장의 2%를 차지하는 것으로 추정되었고, 미국·중국·영국·프랑스에 이어 5위로 평가되었다.

미술품은 수익성이 높은 투자대상으로, 마치 스타트업 투자와 비슷하다. 다른 자산과 비교해보면 고위험·고수익 투자자산이라고 할 수 있다. 만일 아직 알려지지 않은 젊은 작가를 발굴해 작품을 미리 구입해 두었다가 그 작가가 성공을 거두면 큰 수익을 거둘 수 있지만 아예 빛을 보지 못할 수도 있다. 이런 점에서 금리가 중요한 변수가 된다. 금리가 높다면 고위험 투자에 대한 관심이 줄어들 수밖에 없기 때문이다.

제로 금리거나 마이너스 금리 수준이라고 한다면 선뜻 미술품에 자금을 투입할 수 있게 된다. 반대로 금리가 상승하거나 오를 전망이라면 미술품을 구입하는 것이 부담스럽게 된다. 조달금리가 높아지고 이자 부담이 높아지면 굳이 위험자산에 투자하지 않고 예금을 하거나 채권을 매입하는 방식으로 안정성을 추구할 가능성이 높아지는 것이다. 물론 대출을 받거나 외부 자금을 조달하지 않고, 자체 자금으로 미술품을 구입한다고 하더라도 돈에 붙는 금리는 동일하게 작용하므로 이를 무시하기는 어렵다.

'고수익 보장'은
금융사기다

%

어느 시기를 막론하고 금융사기에 관련된 뉴스는 끊이지 않는다. 고수익을 미끼로 투자를 권유하는 사례 역시 많이 찾아볼 수 있다. 특히 회원에 가입하면 주식 종목을 선정해주고 높은 수익률을 보장하는 방식은 오래된 사기 수법이다. 인가를 받지 않고 개인이 자금을 모아서 주식투자를 하고 높은 수익률을 약속한다면 무조건 사기라고 보면 된다.

예를 들어, 원금을 100% 보장하면서 연 10% 이상의 고수익을 실현할 수 있는 가능성은 거의 없다. '고수익은 고위험'으로 이어지는 것이 수익률과 금리의 기본 원리다. 높은 수익을 내기 위해서는 그만큼 높은 위험 부담을 감수해야 하는 것이다. 현실적으로 생각해보았을 때 위험 부담 없이 높은 수익을 낼 수 있다면, 큰 빚을 내더라도 자신이 투자를 하지 남에게 기회를 줄 사람은 없을 것이다. 투자와 금융시장에서는 어떠한 경우에도 공짜 점심은 없다. 작전세력이 정교하게 주가조작을 한다고 해도 성공하기 힘들다. '수건 돌리기' 게임에서 먼저 빠져나갈 수 있다는 자신감을 갖고 조작에 가세할 수도 있겠지만 시장이 작동하는 한 사기꾼 세력이 의도하는 대로 이루어지는 일은 거의 없다.

부동산에서 상가분양을 할 때 실제금리보다 터무니없이 높은 임대수익률을 보장한다고 주장하는 것 역시 대부분 거짓일 가능성이 높다. 임대수익률이 높은 상업용 부동산이라면 굳이 널리 홍보하지 않더라도 이미 분양이 완료되었거나 높은 경쟁률을 보일 것이기 때문이다. 유망한 부동산 상품이라면 분양대행사와 부동산 중개업소들을 통해 순식간에 정보가 유통되어 많은 사람들이 몰려들 것이다. 따라서 투자를 할때는 늘 '이렇게 좋은 투자 기회가 왜 나한테까지 왔을까'를 생각해보고 신중하게 결정을 내리면 사기에 쉽게 걸려들지 않을 수 있다.

어떤 투자 상품이든 그 내용을 정확하게 파악하고, 합법적인 금융회사인지 또는 자격을 가진 전문인력인지 등을 확인하는 것도 필수적이다. 내가 잘 알지 못하는 분야에 투자하는 것은 위험한 일이다. 기본적으로 '고수익을 보장한다'는 말은 금리가 제대로 작동하는 한 있을 수 없는 일이다. 이 책을 잘 읽고 금리에 대해 조금이라도 알게 되었다면 허황된 유혹에 흔들리지 않게 될 것이다.

고금리로
이득을 보는 쪽은 어디일까

%

금리가 급등하면 누구나 마냥 울상이기만 할까? 그렇지 않다. 무슨 일이든 한쪽이 힘들어지면 다른 한쪽은 반사이익을 보기 마련이다. 고금리 부담에 허리띠를 졸라매고 앞날을 걱정하는 이들에게는 참 안타까운 일이지만 금리 상승을 반기는 이들 역시 적지 않다.

일반적으로 금리 상승기는 채권자들에게 유리하고 채무자들에게는 불리하다. 대출을 예로 들어보자. 금리가 상승하면 은행은 이자 수입이 증가하여 유리하고, 채무자들은 금리 부담이 높아져 불리해진다. 개인끼리의 채무 관계 역시 마찬가지다. 금리변동에 따라 자연스럽게 더 많은 이자를 받게 된 채권자는 덕을 보는 쪽이다. 또한 현금을 많이 보유한 이들이 유리해지고 부동산이나 주식 등 자산 보유자는 대체로 불리해진다. 여유자금을 예금하면 높은 이자소득을 얻게 되지만 금리 상승기에 부동산이나 주식 등의 자산 가격은 하락하기 때문이다. 매달 일정한 금액을 받는 연금소득자들은 금리가 상승하면 현금의 현재 가치

세상 친절한 금리수업

가 높아져 유리한 입장이 된다.

　미리 부동산이나 주식을 팔아 현금을 확보해두었다면 고금리 시대에 큰 이득을 얻을 수 있다. 한동안 우리나라는 저금리로 은행 정기예금 금리가 1%에 미치지 못했다. 한국은행 기준금리가 최저 0.75%까지 떨어지면서 저금리는 일상적인 일이 되었다. 세금을 떼고 나면 손에 쥐는 게 거의 없을 정도였다. 물가상승률을 감안하면 사실상 마이너스 금리였던 셈이다. 그동안 금리가 너무 낮아서 현금을 집에 두고 있었던 현금부자들에게 고금리는 호재다. 금리 상승으로 은행에 예금이 몰리다보니 저축은행이나 신협, 새마을금고 등은 예금 유치를 위해 더 높은 금리를 제시하기도 했다.

　이런저런 이유로 금고에 장롱에 침대 밑에 현금을 꼭꼭 넣어두었던 이들이 높은 금리를 받기 위해 어둠을 뚫고 나타날 것으로 보인다. 그동안 회수가 되지 않던 5만 원권 신사임당이 등장하는 순간이다. 한국은행 통계로 보면 매년 퇴장되는 5만 원권은 그 규모가 더욱 증가하고 있다고 한다. 그동안은 5만 원권 회수 비율이 10%대에 머물렀지만 이제는 아마도 사정이 조금 달라질 것으로 예상된다. 5만 원권이 사라진 것은 지하경제의 확대라기보다는 제로 금리가 오래 지속된 것이 가장 큰 요인이기 때문이다. 우리나라는 신용카드 사용 비율이 전 세계적으로 높은 수준이고, 현금영수증 발행이 의무화되어 있어 금융거래의 투명성이 매우 높다. 가능성은 높지 않지만 리디노미네이션(화폐단위 변경)을 우려한다면, 이번 기회에 소득이 노출되는 위험이 있다 하더라도 '장롱 속 현금'이 제도권으로 되돌아올 가능성이 있다.

오랜 직장생활을 마치고 받은 퇴직금과 모아둔 돈을 합쳐서 은행에 맡겨두고 이자를 받아서 생활비로 쓰려던 이들에게도 고금리 시대는 희소식이다. 60대 이상 노인취업률이 지속적으로 증가한 것은 우리나라의 노인빈곤율이 40%를 넘어선 탓도 있지만 저금리로 인한 이자 수입 같은 금융 소득이 줄어든 것도 하나의 원인으로 꼽힌다. 월급쟁이들의 금융활동은 대부분 월 단위로 이루어진다. 월급을 받아서 예금도 하고, 대출이자도 갚고, 보험료도 내고, 카드대금도 결제한다. 금융회사들의 은행 대출이자나 보험료 등의 부과 기준도 월 단위다. 만일 고금리 기조가 지속된다면 퇴직금을 은행에 예치한 은퇴자들은 높은 이자소득을 얻게 되어 월 단위 금융소득을 이어가는 데 많은 도움이 될 것이다.

장학재단이나 복지재단, 문화재단, 공공기금 등 은행에 넣어둔 출연금이나 적립금을 토대로 얻는 이자 수입으로 운영하는 기관들에게도 고금리는 반가운 소식이다. 제로 금리 시절에는 이자 수입이 줄어들어 운영을 위한 필수 인원들에게 임금을 지급하기도 빠듯할 정도였다. 낮은 이자로는 경상 운영비를 충당하기도 힘들어 직원 감축에 들어가는 곳도 있었고, 기존 사업을 축소하거나 새로운 사업을 벌이는 것이 불가능한 기간이 오래 지속되었다. 따라서 현 시점의 금리 상승으로 기존에 보유한 기금이나 적립금에서 나오는 이자 수입을 증가하여 사업이 활성화되고 신규사업을 착수하는 것도 가능해져 재단이나 공공기금 등이 활기를 되찾을 것으로 보인다. 금리가 상승하면 힘들어지는 쪽이 많지만 어느 한쪽에서는 고금리 덕을 보기도 한다. 금리는 어느 쪽으로든 작동하는 것이다.

경제와 금융은 우리 생활에서 필수적인 요소지만 선뜻 편하게 다가오지는 않는다. 친구나 직장동료 또는 선후배와 만나서 금융을 주제로 이야기를 나누는 경우는 흔하지 않다. 은행이나 보험사, 증권회사 등 금융과 자본시장에서 일하는 사람들이라고 해도, 사적인 모임에서 금융이나 경제를 화제로 올리는 것은 쉽지 않은 일이다. 스스로 꺼리기도 하지만 상대방 역시 환영하지 않는 주제인 것이다.

사람들이 돈을 대하는 태도는 대부분 이중적이다. 거리를 두는 듯하면서도 한편으로는 건물주가 되기를 바라고, 큰 돈을 벌어서 여유 있게 살고 싶어 하는 것이 많은 사람들의 바람일 것이다. 이렇듯 가까우면서 먼 존재인 돈을 이해하기 위해서는 돈의 가치를 의미하는 금리를 알아야 한다는 생각으로 이 책을 써나갔다.

금리를 정확하게 이해하면 금리의 흐름을 통해 세계 경제는 물론 우리나라 경제가 어떻게 흘러가는지 꿰뚫어볼 수 있다. 이 책을 쓰면서 금리에 대해 상세하고 이해하기 쉽게 하려고 했지만, 복잡하고 어려운 주제여서 의도대로 잘 표현되었는지는 독자들의 판단에 맡길 수밖에 없다. 다만 독자들이 금리를 통해 경제와 글로벌 시장에 대한 이해도를 한 단계 높였으면 하는 바람이다. 책을 읽고 나서 '아하! 금리가 이렇게 생겨났고 작동하는구나', '미 연준의 금리 인상폭과 속도를 놓고 수많은 분석과 예측이 난무하는 것은 다 그만한 이유가 있구나', '금리가 소리 없이 괴력을 발휘할 때가 바로 위기였어'라는 생각이 든다면 금리가 움직이는 경제와 금융시장에 대해 거의 다 알게 된 것이다.

미국이 세계 패권을 장악한 제2차 세계대전 이후 모든 경제현상과 위기의 바탕에 미국이 정하는 금리가 작용해왔다. 늘 그렇듯이 위기 국면이 지나가고 나면 한쪽으로 지나친 쏠림 현상이 있거나 잘못된 정책과 실기가 누적되는 과정에서 사전에 여러 신호가 있었음을 알게 된다. 위기 국면에서 금리는 변덕스럽게 움직이지만 길게 보면 일관된 방향으로 움직인다. 물론 기본과 원칙에 충실하다면 크게 낭패를 당할 일은 없다. 금리가 작동하는 원리를 제대로 알게 되었다면 웬만한 위기나 유혹에도 흔들리지 않을 것이다. 금리를 초석으로 밑바탕에 놓고 조금씩 경제와 금융지식을 쌓아간다면 탄탄한 자신감으로 무장하게 될 것이다. 앞으로 신문이나 방송에 그리고 인터넷이나 영상에 자주 등장하는 경제 금융 뉴스들이 독자들에게 좀더 가깝게 와닿으면 한다.

안타깝게도 우리나라의 금융 문해력은 경제력 순위에 비해 상대적으로 크게 낮은 편이다. 학생들은 물론 성인들의 전반적인 학습능력과 교육 정도, 학습 의지를 고려하면 이해하기 힘든 일이다. 곧 사회초년생

세상 친절한 금리수업

이 되는 청소년기부터 경제와 금융에 대한 기본과 원리를 아는 것은 중요한 과제다. 유대인들은 여자는 만 12세, 남자는 만 13세가 되면 성인식을 하는데 이때 목돈을 주고 일찍부터 '금융 실전 학습'을 한다고 한다. 끊이지 않고 반복되는 갖가지 금융 사기와 주가조작 그리고 큰 사회적 문제를 일으켰던 전세사기를 고려하면, 금융 기초지식을 쌓는 일은 누구에게나 시급하고도 절실한 과제가 되었다.

금리를 통해 경제와 금융이 돌아가는 원리를 친절하게 설명하는 과정에서 어려운 용어가 들어갔거나 논리적 비약이 있었다면 이것은 전적으로 필자들의 능력이 독자들의 수준에 미치지 못했기 때문이다. 어떠한 비판과 제안도 겸허하게 받아들이려고 한다.

책 기획에서 원고 수정과 편집, 도표 만들기 등 출판 과정에서 미래의창 출판사 김성옥 주간과 정보라 편집자의 적극적인 지원과 독려가 큰 힘이 되었다. 시의적절한 제목과 구성, 디자인까지 두 분의 도움으로 책이 빛을 볼 수 있었다는 점을 밝혀둔다.

마지막으로, 주말을 함께 하지 못한 가족들에게 이해를 구하고, 평생 고생하신 부모님께 감사의 말씀을 전하고 싶다.

경제와 금융이 손에 잡히는
세상 친절한 금리수업

초판 1쇄 발행 2023년 7월 10일
초판 7쇄 발행 2024년 12월 5일

지은이 조경엽·노영우
펴낸이 성의현
펴낸곳 (주)미래의창

출판 신고 2019년 10월 28일 제2019-000291호
주소 서울시 마포구 잔다리로 62-1 미래의창빌딩(서교동 376-15, 5층)
전화 070-8693-1719 **팩스** 0507-0301-1585
홈페이지 www.miraebook.co.kr
ISBN 979-11-92519-75-3 03320

※ 책값은 뒤표지에 있습니다.